Mr. Jervis

Vol. 1

BM Croker

Writat

Diese Ausgabe erschien im Jahr 2024

ISBN: 9789359940861

Herausgegeben von
Writat
E-Mail: info@writat.com

Inhalt

KAPITEL I.
EIN MÄDCHEN IN TAUSEND.

„Ich denke, ich muss schreiben und sagen, dass sie vielleicht kommt. Ich persönlich würde mich freuen, sie zu haben; Aber ich fürchte, Granby wird ein Mädchen im Haus eher langweilig finden. Drei *ist* in Indien eine so unangenehme Zahl!"

„Und manchmal auch an anderen Orten", fügte eine Dame hinzu, die auf dem Kotflügelhocker saß und mit einem absurd kleinen Blasebalg ein großes Holzfeuer anzündete.

„Du weißt, was ich meine, Milly", erwiderte ihre Begleiterin, eine hübsche, träge aussehende Frau, die mit einem offenen Brief auf dem Schoß in einem Sessel lag. „Häuser hier draußen werden in der Regel nur für zwei Personen gebaut – vor allem in den Kantonen. Eine Victoria oder ein Ponywagen fasst nur zwei Personen, und zwei sind eine viel handlichere Zahl für Abendessen und Tiffins. Dennoch werde ich froh sein, ein Mädchen als Begleitperson zu haben; Es gibt mir ein Ziel im Leben und mehr Interesse am Ausgehen."

„Könnten Sie mehr vertragen?" fragte die Dame mit dem Blasebalg und warf ein verschmitztes Lächeln über ihre Schulter.

„Natürlich könnte ich das, du unangenehmes kleines Geschöpf! Wenn eine Frau nicht mehr ganz jung ist und ihre Liebestage zu Ende sind, geben ihr die Hoffnungen und Aussichten auf eine hübsche Gefährtin eine weitere Chance in der Ehe-Wundertüte – eine Chance aus zweiter Hand, aber immer noch ausreichend aufregend. Ach! Das Leben ab einem bestimmten Alter ist wie eine Flasche leeres Sodawasser."

„Das glaube ich nicht", entgegnete die Dame mit dem Blasebalg energisch.

"NEIN; Es würde mich wundern, wenn Sie es täten. Du bist so sympathisch und energisch. Sie engagieren sich mit Herz und Seele in Dorcas Treffen, Basaren, der Pflege von Krankenschwestern und in den Freuden oder Nöten anderer Menschen. Jetzt reichen meine Sympathien und Energien selten über Granby und mich hinaus. Ich werde träge. Ich kann mich kaum für einen Ball aufraffen; Selbst die Aussicht, die alte Mutter Brande rauszuschneiden, kann mich nicht wecken. Wenn ich jedoch eine bezaubernde Nichte heiraten möchte – und zwar eine gute Ehe –, sehen die Dinge ganz anders aus. Wie amüsant wird es sein, die anderen Mädchen und ihre intriganten Mütter in den Schatten zu stellen; Wie erfreulich war es, die besten *Partisanen* des Ortes zu ihren Füßen kriechen zu sehen! Ihre Triumphe werden mir gehören." Und Mrs. Langrishe schloss langsam ihre schweren Augenlider und schien – ihrem Gesichtsausdruck nach zu urteilen – in eine glückselige Vision versunken zu sein. Aus dieser köstlichen Betrachtung wurde sie plötzlich durch die prosaische Frage zurückgerufen:

"Wie alt ist sie?"

„Lass mich sehen – mein Lieber, mein Lieber! Ja", saß aufrecht da und öffnete ihre schönen Augen weit, „nun, ganz unter uns, sie muss sechsundzwanzig sein. Wie die Zeit vergeht! Sie ist die Tochter meines ältesten Bruders und stammt aus einer großen Familie. Fanny, meine Schwester in Kalkutta, hat sie vor eineinhalb Jahren rausgeholt, und jetzt muss sie nach Hause und will Lalla mir übergeben."

„Ich verstehe", stimmte ihr Zuhörer mit einem klugen Nicken zu.

„Können Sie auch verstehen, dass unsere Leute, nur weil Fanny und ich keine eigenen Kinder haben, von uns zu erwarten scheinen, dass wir für ihre Olivenzweige sorgen? Ich sehe es selbst nicht ganz, obwohl ich ihnen meine alten Kleider schicke. Jetzt möchte ich Ihnen meinen Brief vorlesen", entfaltete sie ihn, während sie sprach.

„450, Chowringhee, 22. Februar.

„ LIEBSTE IDA ,

„Die Ärzte hier sagen, dass Richard unbedingt sofort nach Hause gehen muss. Er ist schon zu lange draußen, und es ist an der Zeit, dass ein anderes Mitglied der Firma den Schritt in den Osten wagt. Er hat hart gearbeitet und es ist für ihn wichtig, einen vollständigen Urlaub zu haben. und ich muss ihn begleiten – ein Schritt, auf den ich völlig unvorbereitet war. Ich habe für die Saison ein Haus in Simla gemietet – das ich leicht wieder vermieten und loswerden kann; aber was soll ich mit der lieben kleinen Lalla machen?

„Das arme Kind kam erst letztes Jahr bei kaltem Wetter zur Welt und kann den Gedanken nicht ertragen, Indien zu verlassen – und das ist kein Wunder, denn es gibt jede Menge Bewunderer und eine Kiste mit neuen Kleidern, die gerade vom Postdampfer gelandet ist! Ich hatte vorgehabt, ihr eine so fröhliche Zeit zu bereiten und Dick allein nach Hause zu schicken; Aber jetzt sind alle meine netten kleinen Pläne auf den Kopf gestellt worden – wie schnell ändern ein paar Tage, sogar ein paar Stunden hier draußen alle Pläne! Und nun zum Kern meines Briefes: Wirst du Lalla mitnehmen? Ich würde ihr niemandem außer ihrer eigenen Tante anvertrauen, obwohl ich weiß, dass Mrs. Monty-Kute sie unbedingt haben möchte. Sie werden feststellen, dass sie eine höchst amüsante Begleiterin ist; Mit Lalla im Haus konnte niemand langweilig sein. Sie ist ein hübsches Mädchen, das Ihnen alle Ehre machen wird und mit Sicherheit die Schönheit des Ortes sein wird. Sie hat eher eine nette kleine Stimme, spielt Banjo und Gitarre und tanzt wie ein Profi. Was ihre Veranlagung betrifft, so ist nichts auf dieser Welt in der Lage, ihr gelassenes Gemüt zu trüben – ich kann mir nicht vorstellen, wem sie nachgeht, denn das ist kein *Familienmerkmal* – ich habe sie noch nie verärgert gesehen, und das ist mehr, als man sagen kann für ein Mädchen unter tausend. Tatsächlich *ist sie* ein Mädchen unter tausend. Wenn Sie möchten, kann ich sie mit einem schönen Outfit, einem neuen Habit und Sattel und ihrem Pony zu Ihnen schicken. Ich bin mir sicher, mein Lieber, du wirst sie aufnehmen, wenn du es nur schaffst; und tun Sie Ihr Bestes, damit sie sich gut *einlebt* , denn Sie wissen, der arme Eustace hat Charlotte und Sophy inzwischen ziemlich erwachsen; sogar May ist achtzehn. Du bist so klug, so beliebt, so voller Verstand, liebste Ida – so überlegen gegenüber meinem dummen Ich –, dass, wenn du zustimmst, Lalla unter deine Fittiche zu nehmen, ihr Vermögen praktisch gemacht ist. Wir haben Passagen in der *Paramatta besetzt* , die am zwölften segelt, also schreiben Sie uns per Post an

„Deine liebevolle Schwester,
„ FANNY CRAUFORD .“

„Fanny hat völlig recht“, sagte Mrs. Langrishe mit einem leichten Anflug von Verachtung in ihrem Ton. „Sie ist keineswegs schlau – nur eine impulsive, gutmütige Gans, ohne jegliches Taktgefühl und wird von allen Seiten hereingelegt und aufgedrängt. Ich werde das Pony nicht haben, das ist sicher, und Gramm-Zehn-Seher für die Rupie.“

„Dann haben Sie sich also ganz entschieden, die junge Dame mitzunehmen?“ rief ihre Begleiterin ungläubig.

"Ja;" Jetzt lehnt sie sich zurück und verschränkt zwei lange weiße Hände hinter ihrem Kopf. „Hübsch, amüsant, erfolgreich, gut gelaunt – ich weiß nicht, *wie* ich dieses Mal Nein sagen kann, obwohl ich mich bisher entschieden dagegen ausgesprochen habe, eine meiner Nichten getrennt zu haben. Ich habe immer gesagt, dass es Granby gegenüber so furchtbar unfair war. Allerdings ist diese Nichte tatsächlich auf dem Land gestrandet, und es würde so seltsam aussehen, wenn ich ablehnen würde; außerdem würde ich sie gerne haben; wir werden einander gegenseitig nützen. Sie wird mich amüsieren – mich verjüngen; Seien Sie im Haus nützlich – arrangieren Sie Blumen, schreiben Sie Notizen, lesen Sie mir vor, stauben Sie den Schmuck ab, kochen Sie Kaffee und Salat und erledigen Sie alle möglichen kleinen Gelegenheitsarbeiten, und am Ende überhäufen Sie mich mit Ruhm, indem Sie das Match der Saison machen!“

„Und was soll Ihre *Rolle sein* ?“

„Ich werde ihr ein bezauberndes Zuhause geben; Ich werde die besten Männer hier haben und sie überall hin mitnehmen; Gib ihr, wenn nötig, ein paar schicke neue Ballkleider und den allzu köstlichen Opernmantel, der mir zu klein geworden ist.“

„Oder du bist zu groß dafür – was?" fragte Frau Sladen mit einem leichten Hochziehen ihrer Augenbrauen.

„Milly, wie abscheulich du sein kannst!"

„Und was Major Langrishe betrifft?" fuhr Milly unverfroren fort.

„Oh, Granby wird in Ordnung sein; aber ich muss Fanny mit diesem Post schreiben und sagen, dass ich mich freuen werde, Lalla zu haben. Gieße den Tee aus wie ein braves kleines Geschöpf, während ich eine Zeile kritzle; der Dâk sinkt um sechs."

Die andere Dame, die das Feuer angezündet hatte und jetzt Tee kochte, war nicht, wie man annehmen könnte, die Herrin des Hauses, sondern lediglich eine alte Freundin, die an diesem kalten Märznachmittag zu einem Gespräch vorbeigekommen war. Sie war eine schlanke, zart aussehende Frau mit dunklem Haar, dunklen Augen und zahlreichen Falten auf ihrem dünnen, verhärmten Gesicht, obwohl sie kaum dreißig war. Niemand dachte jemals daran, Mrs. Sladen hübsch zu nennen, aber die meisten Frauen wählten sie als „Liebling" und alle Männer als „einen kleinen Ziegelstein". Als Teenager hatte sie, bevor sie sich selbst recht wusste (aber als sich ihre Verwandten völlig entschieden hatten), einen älteren, anspruchsberechtigten Mann geheiratet und war von der Stunde an, als sie den Traualtar verließ, die Sklavin eines selbstsüchtigen, jähzornigen Ehemanns geworden, dessen Sein geistiger Horizont war von zwei Tischen begrenzt – dem Esstisch und dem Kartentisch –, und seine Zuneigung galt ausschließlich seiner eigenen beleibten Person. Milly Frasers Leute standen kurz davor, Indien zu verlassen; sie waren arm; sie hatten zu Hause eine große und teure Familie; andernfalls hätten sie vielleicht gezögert, ihre hübsche Milly (sie *war* damals hübsch) einem Mann zu geben, der mehr als doppelt so alt war wie sie, obwohl er ein gutes Gehalt bezog und seine Witwe eine Rente genießen würde. Hätten sie Nachforschungen angestellt, hätten sie herausgefunden, dass er bei den Banken hoch verschuldet war; dass er weder einen Freund noch einen Diener behalten konnte; und dass der arme junge Hastings vom Stabskorps, den sie so rücksichtslos brüskiert hatten, schließlich ein zufriedenstellenderer Schwiegersohn gewesen wäre.

Frau Sladen hatte in England zwei kleine Mädchen, nach denen sich ihr Herz sehnte – kleine Mädchen, die in einer billigen Vorstadtschule unter Fremden aufwuchsen. Wie oft hatte ihr Mann feierlich versprochen, dass sie „nächstes Jahr nach Hause gehen und die Kinder sehen sollte"; Aber als die Zeit kam, verhärtete er stets sein Herz, wie Pharao, der König von Ägypten, und ließ sie nicht gehen. Wenn sie ging, wer sollte dann das Haus und die Bediensteten verwalten und sich um sein Abendessen und seine

Annehmlichkeiten kümmern? *Er* würde nicht in den Händen eines Khansamah bleiben! Und außerdem: Woher sollte das Geld für ihre Überfahrt kommen? Er hatte keine Rupie übrig (für sie).

Oberst Sladen war ein kluger Mann, wenn es um seine eigenen Interessen ging. Er war sich der Tatsache bewusst, dass er nicht beliebt war, sondern dass ihm die Dinge rundum angenehm gemacht wurden, um der unglücklichen Dame willen, die er bedrängte, schikanierte und mit einer Zunge wie die Peitschenhiebe eines Sklavenhändlers trieb. Ja; Wenn sie nach Hause ginge, würde das für sein soziales und körperliches Wohlbefinden einen großen Unterschied machen. Sie hatte ihm so manche grobe Zurückweisung erspart; ihr zuliebe wurde ihm viel Gutes erwiesen; und manche Frau dankte ihrem guten Genie inbrünstig, dass sie nicht seine Frau war. Trotz ihrer unkongenialen Partnerin gelang es Frau Sladen, fröhlich und im Allgemeinen strahlend und lächelnd zu sein, bereit, Kranke zu pflegen, den Club für Tänze zu dekorieren, Mädchen beim Zusammenstellen von Ballkleidern zu helfen und ihr Herz für alle zu öffnen Probleme zu lösen und ihnen Mitgefühl und fundierte Ratschläge zu geben. „Oh, heirate einen Mann nicht nur, weil dein Volk es wünscht", hätte sie sagen können (aber sie hat es nie getan), „und nur, weil er als guter Partner angesehen wird; viel besser, nach Hause zu gehen und als Verkäufer oder sogar als Sklave sein Brot zu verdienen. Nehmen Sie eine Lehre aus *meinem* Schicksal."

Mrs. Langrishe hingegen regierte ihre liebe Oma mit fester, aber gnädiger Herrschaft. *Ihr* Kampf hatte in England stattgefunden und war in einer Hinsicht eine schwere und gegenseitige Enttäuschung gewesen. Nun ja, „Enttäuschung" ist ein hässliches Wort; Sollen wir „Überraschung" sagen? Kapitän Langrishe war von Ida Paskes hübschem Gesicht, seinem stattlichen Auftreten und seinen prächtigen Toiletten angezogen worden. Er war beeindruckt von ihrer großartigen Gleichgültigkeit gegenüber Geld – Gerüchten zufolge hatte sie ein hohes Einkommen, und Gerüchte hatten keinen wirklichen Grund für diese angenehme Behauptung. Ida stammte aus einer zahlreichen Familie, war gutaussehend, selbstständig, ehrgeizig und achtundzwanzig Jahre alt. Ihre Kleider waren unbezahlt und ihr Gesicht war ihr Vermögen. Sie ihrerseits glaubte, dass der unbedeutend aussehende kleine Offizier – dessen blasses Profil genau aussah, als wäre es aus einem Fichtenholzbrett ausgeschnitten – enorm reich sei. Auch er gab vor, Ausgaben zu verachten, hielt Jäger und sprach von seiner Jacht. Er wollte sofort nach Indien reisen und die Hochzeit wurde beschleunigt; Doch lange bevor das glückliche Paar Bombay erreichte, hatten sie den wahren Stand der Dinge herausgefunden. Er wusste, dass seine Braut mittellos war; und sie wusste, dass die Jäger angeheuert worden waren, die Yacht geliehen worden war und dass dreihundert pro Jahr, zusätzlich zu seinem Lohn, das Höchstlimit des Geldbeutels ihres Mannes darstellten. Sie waren ein weises

Paar und machten das Beste aus den Umständen; und nach und nach kam Kapitän Langrishe zu dem Schluss, dass er doch einen Schatz gefunden hatte! Seine Ida war voller Fingerspitzengefühl und weltlicher Weisheit und verfügte über Verwaltungsbefugnisse auf höchstem Niveau. Sie verstand die Kunst, den Schein zu wahren, und legte sich den Bibeltext ans Herz, der besagt: „Solange du dir Gutes tust, werden die Menschen gut über dich reden." Sie sorgte dafür, dass ihr Mann ein gemütliches Zuhause hatte, studierte seinen Geschmack, schmeichelte seinen Schwächen, war immer gelassen, liebevoll und gut gekleidet. Ihre Abendessen waren klein, aber gefeiert; ihre Vorspeisen und Leckereien, ein Geheimnis zwischen ihrer Köchin und ihr. Sie spendete keine wahllosen Gastfreundschaften – nein, sie empfing lediglich ein paar wichtige Beamte, kluge Frauen und beliebte Männer, die bereit wären, den Ruhm ihrer köstlichen Feste ins Ausland zu verbreiten und es ihr mit Zinsen zurückzuzahlen. Schäbige Menschen und unbedeutende Bekannte sahen nie das Innere ihrer Behausung, die der Inbegriff von Komfort und Geschmack war. Ihre Kleider waren gut ausgewählt und teuer; Diamanten funkelten an ihren Fingern und an ihrem Hals; Und obwohl sie bis vor Kurzem noch die Frau eines Kapitäns war, war ihr Auftreten und ihre Art ruhiger Selbstgefälligkeit so groß, dass die Frauen höherer Beamter sie demütig akzeptierten, wenn sie ihre eigene Wertschätzung annahmen, und oft zuließen, dass sie sie in den Hintergrund drängte und ihren Platz usurpierte. Ihre Fähigkeiten waren so groß, dass die Leute ihr Beispiel annahmen und eine Einladung zum Nachmittagstee mit Mrs. Langrishe weitaus höher schätzten als ein aufwändiges Abendessen mit weniger exklusiven Hostessen.

Weder die wütenden Angriffe ihrer Feinde (und davon hatte sie nicht wenige) noch die gelegentlichen Indiskretionen ihrer Freunde konnten jemals das ausgeglichene Temperament dieser angehenden „Grande Dame" aus der Fassung bringen. Es war eine erstaunliche, aber offensichtliche Tatsache, dass sie sozusagen ausnahmslos einen Chefsitz einnahm; dass sie bei ihrer Ankunft an einem Bahnhof immer begrüßt, bewirtet und mit Bedauern beschleunigt wurde. Während ebenso würdige Damen im Dâk-Bungalow schmachteten und in klapprigen Ticca-Gharries fuhren, standen ihr die Kutschen der Rajahs zur Verfügung und wurde mit Aufmerksamkeiten und Einladungen überhäuft. Sicherlich reichte das alles völlig aus, um diese Frauen dazu zu bringen, „sie zu bereden" und sie auf Distanz zu halten. Männer, die die Ressourcen von Kapitän Langrishe kannten, staunten untereinander und sagten: „Oma hat außer seinem Gehalt sehr wenig; Wie zum Teufel macht er das? Schauen Sie sich die Kleider seiner Frau an! Und sie servieren die besten Abendessen im Ort. Eines Tages wird es dort einen tollen Kracher geben!" Aber die Jahre vergingen, und es gab keine Anzeichen einer solchen Krise. Die Wahrheit war, dass Granby Langrishe eine überaus fähige Frau geheiratet hatte – eine Frau, die die Kunst des vornehmen

Drängens und der persönlichen Werbung vollkommen verstand. Sie hatte sich beharrlich durchgesetzt – ja, sie hatte ihren Mann an die Front getrieben, und er genoss nun eine hervorragende Verabredung um den Preis der beiden taufrischen Tränen, die in den ausdrucksstarken Augen seiner Ida standen, als sie sein Pech gegenüber einer einflussreichen Persönlichkeit beklagte. Die Langrishes bezogen zweitausend Rupien im Monat – und genossen entsprechende Wertschätzung.

Mrs. Langrishe sieht nicht wie vierzig aus – im Gegenteil. Sie hat hervorragend auf sich selbst aufgepasst – kein frühes Aufstehen, kein Mittagsbesuch für diese weise Matrone. Sie ist groß und hat leider eine tolle Figur! etwas dick werden; ihre Brauen sind gerade und mit Bleistift gezeichnet; darunter leuchten ein paar wirkungsvolle graue Augen; ihre Gesichtszüge sind fein geschnitten; Wenn ihr Gesicht einen Fehler hat, dann ist es, dass ihr Kiefer etwas *zu* eckig ist. Was auch immer die Leute über Ida Langrishe sagen mögen, sie können nicht leugnen, dass sie bemerkenswert gutaussehend und ebenso klug wie gutaussehend ist. Als Jungfrau hatte sie ihre eigenen Ziele nicht ganz erreicht; Aber es würde hart werden, wenn sie mit ihrem Verstand, ihrem Bekanntenkreis und ihrer wertvollen Erfahrung ihre Nichte nicht glänzend heiraten würde.

KAPITEL II.
„ERZÄHLEN SIE MIR ALLE NEUIGKEITEN."

Die französischen Fenster von Mrs. Langrishes Wohnzimmer führten auf eine tiefe Steinveranda, die mit Geißblatt und Passionsblumen übersät war, und boten einen unvergleichlichen Ausblick, unabhängig vom Vordergrund, in dem Mrs. Sladens Rikscha das Hauptmerkmal darstellt, oder dem Kieskehrer. Grasgarten und Beete aus blassen winterlichen Rosen; Aber jenseits der mit Kiefern bewachsenen Hügel, zwischen denen rote Dächer hervorlugen, jenseits des Tals der Rhododendren und einer kräftigen violetten Bergkette, erblicken Sie den Schnee! eine lange, lange Barriere der ewigen Hügel, auf die die Augen des Psalmisten nie gerichtet waren. Die Leute mögen flüstern, dass sie vom Taj enttäuscht waren, dass Delhi eine Täuschung war und die Marmorfelsen eine Falle; Aber wer kann behaupten, dass der Schnee unter seinen Erwartungen lag? Und wenn er das sagen würde, wer würde ihm glauben? Die Abendbrise ist rau und kühl, sie hat sechzig Meilen von diesen eisigen Hängen zurückgelegt, sie kriecht den Khud hinauf und warnt die zitternden Rosen, dass die Sonne untergegangen ist — sie bewegt die feierlichen Deodars, die in dunklen Umrissen vor dem Himmel stehen.

Mrs. Langrishe erhebt sich mit einem Brief in der Hand von ihrem Schreibtisch und geht zu ihrer Freundin zurück, die wieder auf dem Kotflügelhocker sitzt, ins Feuer starrt und vielleicht an jene vergangenen Tage denkt, als *sie* noch ein Mädchen war Freunde waren bestrebt, sie unterzubringen.

„Milly", sagte ihre Gastgeberin, „Sie kommen am Postamt vorbei und können dies für mich aufgeben; Du solltest jetzt besser gehen, Liebes, denn du weißt, dass du Halsschmerzen hattest und es schon spät wird."

Frau Sladen stand sofort auf; Sie war es gewohnt, Besorgungen zu machen und von ihren Vertrauten ausgenutzt zu werden. Sie zog ihre billigen Handschuhe an, drehte ihre fadenförmige Boa um ihren Hals und streckte ihre Hand nach dem Brief aus, der Miss Paske nach Shirani bringen sollte. Als ihre Freundin sich vorbeugte und sie küsste, sah sie wehmütig zu ihr auf und sagte:

„Ida, wenn dieses Mädchen zu dir kommt, wirst du sie nicht nur als vermarktbares Produkt betrachten, oder? Du wirst ihr erlauben, zu heiraten — wenn sie tatsächlich heiratet —, um sich selbst zu gefallen, nicht wahr, mein Lieber?"

„Du dummer, romantischer kleiner Mensch!" rief die andere und tätschelte ihre Wange mit zwei kräftigen, spitz zulaufenden Fingern. „Was für eine absurde Frage. Als ob in diesen aufgeklärten Tagen jemals ein Mädchen gegen ihren Willen verheiratet würde!"

Frau Sladen gab außer einem unwillkürlichen Seufzer keine Antwort. Sie ging auf die Veranda, stieg ohne ein weiteres Wort in ihre Rikscha und nickte, bevor sie wegwirbelte, etwas melancholisch zum Abschied ihrer hübschen, wohlhabend aussehenden Freundin zu, die sich, gekleidet in ein prächtiges Teekleid, für ein Jahr vorbereitet hatte Einen Moment lang stand er in der offenen Tür und rief gebieterisch:

„Die Post geht um sechs; Du hast nur zehn Minuten." Dann schloss Frau Langrishe zitternd das Fenster und kehrte zu ihrem gemütlichen Kamin zurück. „Arme Milly!" sie murmelte, während sie einen gut beschuhten Fuß wärmte. „Sie war immer seltsam und sentimental. Heiraten, um sich selbst zu gefallen – ja, auf jeden Fall –, aber sie muss auch heiraten, um *mir zu gefallen* !"

Eine Rikscha (das beliebte Fortbewegungsmittel in den Bergregionen des Himalaya) ist eine Art verherrlichter Badestuhl oder Kinderwagen für Erwachsene, leicht und elegant, der von vier Männern gezogen und geschoben wird; Es fliegt so schnell wie ein Ponykarren über flache Straßen und bergab, besonders wenn Ihre Jampannis gegen ein anderes Team antreten.

Mrs. Sladens Rikscha war alt; die Kapuze aus billigem amerikanischem Leder war rissig und hatte Blasen, an einer Seite war eine Leiste angebracht, und ihre Jampannis trugen die schäbigen Klamotten des letzten Jahres – aber dann tat ihre Herrin dasselbe! Als sie bergab rasten, gerieten sie beinahe in Kollision mit einem eleganten Cee-Spring-Fahrzeug von Dyke und einem Quartett von Männern in leuchtenden (Ricketts) blauen und gelben Lackierungen. In der Rikscha befand sich eine ältere Dame von üppigen Proportionen, mit flachsblondem Haar und einem gut gelaunten, hübschen Gesicht, das zwei Kinn hervorragte. Dies war Frau Brande, die Frau von Pelham Brande, Esq., einem angesehenen Mitglied des öffentlichen Dienstes.

„Kubbardar, Kubbardar! – pass auf dich auf, pass auf dich auf!" sie schrie. Dann zu Frau Sladen: „Mein gnädiger Herr! wie du fliegst! aber du bist ein Leichtgewicht. Nun, kommen Sie an meiner Seite, meine Liebe, und erzählen Sie mir alle Neuigkeiten. Dieser Ort ist so langweilig wie Grabenwasser, so wenige Menschen hier. Nächstes Jahr werde ich nicht so früh kommen."

„Ich glaube, jedes Haus ist besetzt", sagte Frau Sladen fröhlich, während sie Seite an Seite entlangrollten. „Sogar die Zedern und das Kloster und Haddon Hall."

„Das sagst du nicht! Die Schornsteine rauchen über alles. Es tut mir leid, wer auch immer dorthin geht.“

„Ein Junggeselle, glaube ich, ein Captain Waring, hat es für die Saison genommen, da es kurz vor dem Schlamassel steht.“

„In dem Regiment, das aufmarschiert – den Scorpions?“

"NEIN; Ich glaube, er ist außer Dienst und kommt wegen des heißen Wetters hierher, um später in Thibet zu schießen.“

„Dann muss er Geld haben?“ wedelte weise mit dem Kopf.

„Ja, das glaube ich. Mir wurde gesagt, dass es eine schwule Saison werden wird.“

„Das sagen sie immer“, antwortete Frau Brande ungeduldig. „Ich werde es glauben, wenn ich es sehe. Aber ich habe gehört, dass Mrs. Kane einen Bruder erwartet, der Baronet ist: Er kommt herauf, um sich die Hügel anzusehen; Er ist den ganzen Winter über um die Welt gereist. Und Sie waren also mit der Herzogin zusammen – sie ist doch ganz allein, nicht wahr?“

„Ja, vorerst; aber sie wird bald eine Nichte bei sich haben – eine Nichte aus Kalkutta.“

"Eine Nichte!" scharf und lehnte sich halb aus der Rikscha. „Welche Nichte?“

„Die Tochter ihres Bruders, Miss Paske; Sie soll sehr hübsch und gebildet sein und in jeder Hinsicht attraktiv.“

Das brauchst du mir nicht zu sagen !“ in Akzenten konzentrierter Verachtung. „Ist Mrs. Langrishe die Frau, die sich ein hässliches Mädchen anvertraut? Sie wird jetzt große Partys veranstalten; all die reichen jungen Kerle und der *Baronet* – keine armen Subalternen, wie Sie sehen werden – und sie wird sie in kürzester Zeit loswerden. Genau das, was ihr gefallen wird, und eine gute Ausrede dafür, dass Horden von Männern im Haus herumlungern.“

„Oh, Mrs. Brande, Sie wissen, dass das nicht ihr Stil ist“, protestierte ihre Begleiterin.

„Nun ja, sie ist deine Freundin – auch eine Mitschülerin –, obwohl *du* in der Vorschule gewesen sein musst, also werde ich nichts weiter sagen – aber du weißt, dass ich keine Doppelzüngigkeit habe, und ich kann es nicht ertragen Sie und ihre Allüren und ihre Pläne, und wie sie sich immer nach vorne drängte und in der Generalsbank saß und der Erste war, der den österreichischen Prinzen zum Abendessen einlud, und wie sie bei Partys aufstand und vor der Frau des Kommissars hinaussegelte – was für eine

Unverschämtheit! – und die Leute haben sich mit ihr abgefunden. Wenn die arme kleine Mrs. Jones solche Dinge tun würde – und sie hat ein besseres Recht, da sie die Tochter eines Ehrenwerten ist – würde ich gerne wissen, was man sagen würde? Aber es gibt keine Angst vor Mrs. Jones; Sie hat kein Messing an *sich* ", und Mrs. Brande machte einen Satz, der die Federn zum Beben brachte!

„Jetzt, Frau Brande, vergessen Sie, dass Ida meine Freundin ist."

„Ja, und sei besser ihre Freundin als ihr Feind! Nun, hier bin ich an der Reihe, und hier trennen wir uns"; Und im nächsten Moment donnerte Mrs. Brande mit einer abschiedenden Handbewegung ihrer pummeligen Hand die schmale Straße entlang, die zum besten Haus in Sharani führte – ihrer eigenen komfortablen, gastfreundlichen Behausung.

Frau Sladen gab ihren Brief auf und ging weiter zum Club und Lesesaal, einem langen, niedrigen Gebäude mit Blick auf eine Reihe von Terrassen und Tennisplätzen und dem Hauptresort der gesamten Station. Als sie das Tor betrat, traf sie auf einen älteren Herrn mit markanten Augenbrauen, einem rauhen grauen Schnurrbart und einer beleibten Gestalt, der auf einem kräftigen schwarzen Pony ritt.

„Ich habe überall nach dir gesucht", brüllte er; „Wo zum Teufel warst du? Wie üblich Tee trinken, nehme ich an? Soper und Rhodes kommen, um Potluck zu holen, also geh sofort nach Hause – und ich sage, ich habe gehört, dass es bei Manockjees Fisch gibt, komm einfach rauf; Kommen Sie unterwegs vorbei und holen Sie es mit der Rikscha ab.

Verlassen Sie Colonel Sladen zu seinem Abendgummi; verlassen Sie Frau Sladen, um weitgereisten Fisch nach Hause zu tragen und möglicherweise den Hauptteil des Abendessens zu kochen.

KAPITEL III.
„Andere Leute haben auch Nichten."

Frau Sladen hatte Frau Brande nicht nur eine Neuigkeit überbracht; Sie hatte sie mit einer großartigen Idee bekannt gemacht – einer Idee, die in dem etwas leeren Kopf dieser Dame Wurzeln schlug, wuchs und gedieh, als sie allein in ihrem Wohnzimmer an einem angenehmen Holzfeuer saß, das sie unvoreingenommen mit einem schlanken, eleganten Ich teilte -bewusster Foxterrier.

Alle Welt gab zu, dass die „alte Mutter Brande" einst eine schöne Frau gewesen sein muss. Auch heute noch gilt sie aufgrund ihrer hellen Haut, ihrer blauen Augen und ihrer markanten Gesichtszüge als äußerst respektables Wrack. Wer hätte gedacht, dass der raffinierte, anspruchsvolle und zynische Pelham Brande die Nichte eines Pensionsverwalters geheiratet hätte? Wenn er die vor ihm liegende Karriere vorhergesehen hätte – wie unerwartet und überaus erfolgreich er sein würde, wie das grelle Licht, das untrennbar mit hohen Positionen verbunden war, auf seine blonde Sarabella prasseln würde –, hätte er vielleicht gezögert, bevor er einen solchen Ausschlag bekam und romantischer Schritt. Er ahnte nicht, dass seine blonde Sally, die ihn so tüchtig bedient hatte, eines Tages selbst von prächtigen, scharlachrot gekleideten Regierungs-Chupprassis bedient werden würde; oder dass sie vor den Frauen von Generälen und Richtern einen Raum verlassen musste und dass sie eine „Position" behaupten musste! Aber wer ist mit zweiundzwanzig so weise wie mit zweiundfünfzig? Mit zweiundzwanzig hatte Pelham Brande gerade den indischen Staatsdienst angenommen und wohnte in London; und während er sich auf die Anwaltskammer vorbereitete, bekam er Typhus und wäre beinahe gestorben. Er wurde von Mrs. Batt, seiner Vermieterin, und ihrer reizenden Nichte Sarabella, die so schön wie eine Junirose und so unschuldig wie ein Märzlamm war, sorgfältig umsorgt.

Die besten medizinischen Autoritäten versichern uns, dass nichts der Genesung so förderlich ist wie eine geschickte und hübsche Krankenschwester, und unter dem Einfluss von Saras Fürsorge machte Herr Brande rasche Fortschritte auf dem Weg zur Genesung, wurde jedoch Opfer einer anderen Krankheit – die sich als unheilbar erwies. Er fragte seine Verwandten nicht um Erlaubnis oder Rat, sondern heiratete seine Braut eines Morgens in St. Clement Danes, unternahm eine einwöchige Reise nach Dover und zwei Überfahrten erster Klasse nach Bombay.

In der Regel werden junge Zivilisten rücksichtslos in einsame Dschungelviertel geschickt, wo sie wochenlang kein anderes weißes Gesicht sehen, und ihre einzigen Gefährten sind ihre einheimischen Untergebenen, ihre Dienerschaft und die einfachen Bewohner der Nachbardörfer. Ab und zu treffen sie vielleicht auf einen Opiumbeamten oder einen Forstbeamten und tauschen Stumpen und Zeitungen aus; aber diese Treffen sind selten. Nach einer geschäftigen Universitätslaufbahn, nach einer immensen Belastung der geistigen Fähigkeiten, die für das Bestehen einer strengen Prüfung notwendig ist, reicht die tote Gleichmäßigkeit dieses Lebens, die Stille und Einsamkeit des Dschungels (verschärft durch das schlichte Geschwätz des Büropabs). den stärksten Geist aus den Angeln heben. Meilen um Meilen entfernt von den Aufenthaltsorten seiner Landsleute, von Büchern und Telegrammen und dem Aufruhr und der Aufregung gewohnter Assoziationen, dem Absturz vom Lärm der Londoner Straßen und dem Leben unter hohem Druck in das Leben in einem einsamen Hochlandviertel , ist in der Tat verzweifelt; vor allem, wenn die Augen und Ohren des Neuankömmlings nicht für das große Buch der Natur geöffnet sind – wenn er keine Schönheit in stattlichen Laubbäumen, wogenden Getreidefeldern, ehrwürdigen Tempeln und herrlichen Sonnenuntergängen sieht; wenn er keine Lust hat, um Schweine zu schlagen oder die durstige Bekassine zu erschießen, sondern nur in der Kühle des Abends in der Tür seines Zeltes sitzt, seine Mühen hinter sich gelassen hat, und nach Polo, Karten und Theatern schmachtet. Dann könnte er sein Los verfluchen; Ihm geht es zweifellos schlecht.

Langeweile zu befürchten . Sara machte ihn zu einem hervorragenden Helfer. Sie erlernte die Sprache und die Bräuche mit erstaunlicher Leichtigkeit; Sie erwies sich als hervorragende Haushälterin und war ebenso schamlos hart im Handel wie jede alte einheimische Hexe. Aber sie mochte weder Bücher noch den Buchstaben „h". Jahrelang lebten die Brandes in abgelegenen Vierteln und unbedeutenden Stationen, bis ihn seine Dienste und Fähigkeiten nach und nach an die Front führten. Als die Zeit voranschritt, verlor seine Frau an Aussehen und nahm an Masse zu, und ihr Geschmack und ihre Exzentrizitäten wurden fester. Pelham schämte sich seiner Partnerin gegenüber nicht wirklich, war sich aber darüber im Klaren, dass er mit einer kultivierten Dame an der Spitze seines Etablissements eine weitaus angenehmere gesellschaftliche Stellung eingenommen hätte. Aber er gab nie zu – was seine Freunde lautstark bestätigten –, dass er, während er Sara Tag für Tag gegenübersaß, auch mit dem einzigen großen Fehler seines Lebens konfrontiert war!

Zweimal hatte er sie für sechs Monate nach Australien mitgenommen, aber nie in ihr Heimatland (und sie hatte es auch nicht gewollt). Vor Jahren lief er einmal selbst nach Hause und wurde von seinen Verwandten empfangen, so wie Verwandte im Allgemeinen einen wohlhabenden, kinderlosen und erfolgreichen Mann willkommen heißen. Sie brachten es sogar über sich, etwas schüchtern nach Sara zu fragen; und sie ihrerseits schickte ihnen großzügige Ladungen Currypulver, rote Paprika und ihre eigene spezielle und weithin berühmte Chutney-Sorte. Die gute Dame hatte außer der Haushaltsführung nicht viel zu tun. Sie las die Tageszeitung und ab und zu einen Gesellschaftsroman, wenn dieser reichlich mit Herren und Damen gefüllt war; Sie konnte eine gewöhnliche Notiz, Einladung oder Ablehnung und einen Brief schreiben (mit einem Wörterbuch neben sich). Sie liebte ihre Kühe und ihr Geflügel und vergötterte ihren Hund Ben; gab ausgezeichnete, aber schrecklich langweilige Abendessen; üppig gekleidet in wunderschönen Farben; genoss einen Klatsch; liebte eine Partie Whist – und hasste Mrs. Langrishe. Sie lebte ein eintöniges und harmloses Leben und pendelte zu jeder Jahreszeit mit der Regelmäßigkeit eines Uhrwerks zwischen den Hügeln und Ebenen hin und her.

Als Frau Brande vor ihrem Feuer saß und den knisternden Kiefernwald beobachtete, war sie nicht glücklich. Offiziell war sie die oberste Dame des Ortes, die „Burra mem sahib". Aber die kluge Mrs. Langrishe war die wahre Anführerin der Gesellschaft und nahm alle Ehren weg – sozusagen den Kern der Auszeichnung, so dass von ihr nur noch die elende Hülle übrig blieb. Mit einem jungen und hübschen Mädchen als Begleiterin wäre sie unerträglicher und begehrter als je zuvor. So wie die Lage war, konnte sie, Sara Brande, ihr nur wenig entgegensetzen; und sobald ihre Feindin mit einer bezaubernden und beliebten Nichte verbündet war, konnte sie im übertragenen Sinne ihre Waffen niederlegen und sterben. Sie war eine freundlose, trostlose alte Frau. Wenn ihre kleine Annie gelebt hätte, wäre es anders gewesen; und sie hatte keine Habseligkeiten, keine Nichten. NEIN! aber – glücklicher Gedanke! – Pelham hatte nicht weniger als drei, die arm und allem Anschein nach hübsch waren. Er hatte ihrer Mutter, seiner Schwester, bei der Erziehung geholfen; ab und zu schickte er ihnen Geld. Warum sollte sie nicht eines dieser Mädchen adoptieren und auch eine Nichte haben? Ja, sie würde selbst schreiben; Sie würde noch am selben Abend nach dem Abendessen mit Pelham sprechen (es war sein Lieblingsessen). Je mehr sie sich an die Idee gewöhnte, je mehr sie in ihrem Kopf darüber nachdachte, desto mehr erfüllte sie sich mit Freude, Entschlossenheit und Vorfreude. Die Route, das Dampfschiff, das Zimmer und die Kleider des Mädchens waren bereits festgelegt, und sie war gerade dabei, ihren zukünftigen Ehemann auszuwählen, als Mr. Brande lebhaft und hungrig eintrat.

Nach dem Abendessen, als Mr. Brande eine Zigarette rauchte, öffnete seine kunstvolle Frau das Thema neben ihrem Herzen und bemerkte, während sie ihm eine Tasse duftenden Kaffee reichte:

„Pelham, du bist oft auf Tournee, nicht wahr? und ich fühle mich ungewöhnlich einsam, das kann ich Ihnen sagen. Ich bin nicht mehr so aktiv oder fröhlich wie früher. Ich bin zu alt zum Tanzen, Tennis und Reiten. Nicht, dass ich jemals viel mit ihnen zu tun gehabt hätte."

„Na, willst du mit auf Tour gehen? Oder soll ich dir ein Pony kaufen oder dir einen Gefährten engagieren?" fragte Mr. Brande scherzhaft – ein glattrasierter, grauhaariger Mann mit dünnen, beweglichen Lippen, scharfen Augen und aus einiger Entfernung ein einzigartig jungenhaftes Aussehen. "Was würdest du gern tun?"

„Ich möchte stellvertretend reiten und tanzen", war die unerwartete Antwort. „Lass uns eines dieser Gordon-Mädchen, deine Nichten, um ein Date bitten. Ich wäre sehr gut zu ihr; Und weißt du, Pel, ich bin ein einsames Geschöpf, und wenn unsere eigene kleine Annie gelebt hätte, würde ich mir nicht die Tochter einer anderen Frau leihen wollen, um mir Gesellschaft zu leisten."

Mr. Brande musterte seine Frau mit streng richterlicher Miene; Es entspannte sich, als sie von ihrem einzigen Kind sprach, das weit weg unter einem Tamarindenbaum an der Grenze von Nepal begraben lag.

Ja, ihre kleine Annie wäre fünfundzwanzig Jahre alt gewesen, wenn sie noch am Leben gewesen wäre, und zweifellos genauso hübsch wie Sally Batt, die ihm den Kopf verdreht hatte, seinen Erfolg geschmälert hatte und die er selten bereute, geheiratet zu haben.

„Deine Schwester hat drei Mädchen", fuhr sie fort, „und es geht ihr schlecht. Wie hoch ist die Rente einer Oberstwitwe? Na ja, weniger, als manche Leute ihren Köchen geben."

„Es ist sicherlich nicht beträchtlich, und Carrie fällt es schwer genug, beide Ziele zu erreichen; Sie war nie eine große Managerin. Aber, Sally, ein Mädchen ist eine große Verantwortung, und du bist nicht an junge Leute gewöhnt."

"NEIN; aber ich kann lernen, sie zu studieren, denn ich liebe sie. Sag „Ja", Pel, und ich schreibe. Selbstverständlich werden wir ihr die Überfahrt bezahlen, und ich werde sie persönlich in Allahabad treffen."

Mr. Brande warf die Spitze seiner Zigarette ins Feuer, hielt sein Brillenglas fest vors Auge und betrachtete schweigend seine Frau. Schließlich sagte er:

„Darf ich fragen, was Sie plötzlich auf diese Idee gebracht hat?"

„Es ist nicht – ganz plötzlich", stammelte sie; „Ich habe oft ein Gefühl der Einsamkeit. Aber ich muss ehrlich sagen, dass ich bis heute nie an Ihre Nichte gedacht habe, als ich hörte, dass Mrs. Langrishe eine ihrer Nichten aus Kalkutta mitbringt."

Mr. Brande steckte das Glas hastig auf seine Weste und stieß einen besonders langen Pfiff aus.

"Ich verstehe! Und Sie werden sich nicht von Mrs. Langrishe geschlagen geben lassen – Sie wollen ein Oppositionsmädchen führen und versuchen, welches die besten Kleider und die meisten Partner hat und zuerst verheiratet wird? Nein, nein, Sally! Ich weigere mich strikt, mich auf ein solches Vorhaben einzulassen oder einer von Carries Töchtern die Teilnahme an einem solchen Wettbewerb zu gestatten." Und er schlug die Beine übereinander und nahm eine weitere Zigarette.

„Aber hör mir zu, Pel", erhob sie sich, während sie sprach; „Ich erkläre Ihnen, dass ich nicht tun werde, was Sie sagen, und *Ihre* Nichte wird sich auf jeden Fall in einer ganz anderen Lage befinden als das Mädchen der Langrishe. Ich werde so gut zu ihr sein, als wäre sie meine eigene – das werde ich in der Tat tun!" und ihre Stimme zitterte vor Eifer. „Ich komme gut zurecht – schauen Sie, wie lange ich meine Diener behalte", flehte sie. „Diese Gordons sind Ihre nächsten Verwandten; Du solltest etwas für sie tun. Ich nehme an, sie werden Ihr ganzes Geld holen. Deine Schwester ist empfindlich, und wenn ihr etwas zustoßen würde, müsstest du nicht ein Mädchen, sondern alle *drei mitnehmen* . Wie würde dir das gefallen? Wenn eine von ihnen gut verheiratet wäre, würde sie ihren Schwestern ein Zuhause bieten."

„Sie werden ein ziemlicher Redner, und da ist etwas dran, was Sie sagen. Nun, ich werde darüber nachdenken und dir morgen Bescheid geben, Sally. Was die Hinterlassenschaft meines Geldes angeht: Ich bin erst zweiundfünfzig und hoffe, dass ich noch einen guten Teil davon selbst ausgeben kann." Und dann nahm Herr Brande eine literarische Arbeit auf und tat so, als ob er sich in deren Inhalt vertiefen würde. Aber obwohl er die Zeitung vor sich hatte, las er nicht; er beriet sich mit sich selbst.

Er hatte Carries Mädchen nicht gesehen, da sie ihr Alter im zweistelligen Bereich schätzten; Sie waren seine nächsten Verwandten, sehr arm und führten ein langweiliges Leben in einem abgelegenen Teil der Welt. Ja, er sollte etwas tun, und es würde der alten Dame gefallen, ihr eine Gesellschafterin zu geben, und ein hübsches, frisches junges Gesicht im Haus würde ihm nicht unangenehm sein. Aber was würde ein gebildetes und gebildetes englisches Mädchen von ihrer Tante denken, mit ihren auffälligen Kleidern, ihrer schlechten Grammatik, ihrem Vorrangwahn und ihrer schroffen, unkonventionellen Art? Nun, eines war sicher: Sie würde bald entdecken, dass sie eine großzügige Hand und ein gütiges Herz hatte.

Am nächsten Morgen gab Herr Brande, nachdem er ausreichend über das Projekt geschlafen hatte, sein Einverständnis und einen Scheck, und Frau Brande war von ihrem Plan und allem, woran sie denken musste, so verblüfft, dass sie ihre Basarrechnung zusammenfasste falsch, und gab dem Koch fälschlicherweise ein Glas Essig mit Sherry – was sich fatal auf einen ansonsten hervorragenden Pudding auswirkte.

Um ihren Brief bequem und ohne Ablenkung verfassen zu können, schloss sich Mrs. Brande mit Schreibmaterialien und einem Wörterbuch in ihrem eigenen Zimmer ein und forderte den Überbringer auf, niemanden einzulassen, nicht einmal Mrs. Sladen. Nach zwei Rohkopien und zwei Stunden harter Arbeit war der wichtige Brief fertig und adressiert, und als Mrs. Brande ihn mit fester Hand stempelte, sagte sie sich laut:

„Ich vertraue darauf, dass Ben nicht eifersüchtig sein wird. Ich hoffe, er wird sie mögen!"

Da Posttag war, brachte Mrs. Brande es selbst zur Post, und als sie sich umdrehte, um es in den Briefkasten zu werfen, traf sie auf ihren großen Rivalen, der in Begleitung zweier Männer die Treppe hinaufkam. Mrs. Langrishe war gegenüber ihrer Feindin stets charmant, denn es war kein Stil, sich zu streiten, und sie wusste, dass ihre hübschen Redensarten und ihr freundliches Lächeln die andere Dame bis zum Äußersten erzürnten; und sie sagte, während sie ihr freundlicherweise eine ordentlich behandschuhte Hand reichte:

"Wie geht es *dir*? Ich habe dich seit Jahren nicht gesehen! Ich weiß, dass es meine Aufgabe ist, anzurufen, da ich zuletzt angerufen habe; aber in Wirklichkeit habe ich so viele Verabredungen und so viele Besucherstämme –"

„Oh, bitte entschuldige dich nicht!" rief Frau Brande und wurde rot; „Das hatte ich ganz vergessen – ich dachte wirklich, du hättest angerufen!" (Möge Sara Brande diese schreckliche Unwahrheit vergeben.)

Nun war es an Frau Langrishe, ihr einen kleinen Schluck zu geben.

„Natürlich wirst du nächste Woche bei den Maitland-Perrys essen?" (wohl wissend, dass sie nicht eingeladen worden war). „Jeder, der *irgendjemand ist* , soll da sein. Es sind noch nicht viele da, es ist noch so früh; aber es wird ungewöhnlich klug sein – soweit es geht – und für den Baronet gegeben!"

„Nein, ich gehe nicht, ich wurde nicht gefragt", erwiderte Frau Brande mit einem Schluck. Sie sprach im Allgemeinen die Wahrheit, wenn auch sehr gegen den Strich.

„Nicht gefragt! wie sehr seltsam. „Nun", mit einem beruhigenden Lächeln, „ich wage zu behaupten, dass sie dich beim *nächsten Mal* haben werden . Ich habe gehört, dass uns eine ziemlich schwule Saison erwarten wird."

„Und mir wurde gesagt, dass es keine Männer geben wird.“

"Wirklich! Das wird Sie nicht sonderlich beeinträchtigen, da Sie nicht reiten, tanzen oder Picknicks machen; Aber es ist eine traurige Nachricht für mich, denn ich erwarte eine Nichte aus Kalkutta, und ich hoffe, dass der Ort lebendig sein wird.“

„Aber es *macht* mir genauso viel aus, Mrs. Langrishe wie Ihnen“, erwiderte die andere und warf triumphierend den Kopf zurück. „Vielleicht ist Ihnen nicht bewusst, dass ich auch eine Nichte erwarte?“ (Wie konnte Mrs. Langrishe ahnen, was die gute Dame selbst erst in den letzten Stunden wusste?) „Ihrer kommt aus Kalkutta, aber meiner kommt den ganzen Weg aus England!“ Und ihr Blick ließ darauf schließen, dass es sich bei der direkten Europaeinfuhr um eine sehr hochwertige Sendungsklasse handelte. Dann fügte sie hinzu: „Andere Leute haben auch Nichten, wissen Sie!“ Und mit einer prächtigen Verbeugung stolzierte sie die Stufen hinunter, packte ihre Rikscha und wurde weggewirbelt.

Mrs. Langrishe stand da und beobachtete mit einem Lächeln boshafter Belustigung die vier blauen und gelben Jampannis, die schnell in einer Staubwolke verschwanden.

„Andere Leute haben auch Nichten, wissen Sie!“ Sie wandte sich mit bewundernswerter Nachahmung an ihre Gefährten. „Sie ist nicht zu übertreffen. Was für ein Spaß es ist! Können Sie sich nicht vorstellen, wie sie sein wird – Mrs. Brandes Nichte, extra aus England? Wenn nicht, kann ich Sie informieren. Sie wird Haare in der Farbe von Gerstenzucker haben, Kleidung in den Farben des Regenbogens und kein „h“!“

KAPITEL IV.
DIE DREI JUNGEN MÄDCHEN VON HOYLE.

Es stimmte, dass Mrs. Gordon und ihre Töchter in einem langweiligen, abgelegenen Teil der Welt lebten; aber sie konnten nicht anders. Sie lebten zunächst in Hoyle, weil es billig war; und zweitens, weil das Leben in Hoyle für Mrs. Gordon inzwischen zur zweiten Natur geworden war und nichts außer einem Feuer oder einem Erdbeben sie entfernen konnte.

Hoyle liegt im Süden Englands, nur einen Steinwurf von einem Kiesstrand entfernt und bietet einen uneingeschränkten Blick auf die weißen Küsten Frankreichs. Es ist ein altmodisches Dörfchen, das mindestens fünfzig Jahre hinter der Zeit zurückgeblieben ist, in dem noch immer die Ausgangssperre verkündet wird, der Anblick eines Telegraphenumschlags nur als Todesbote gedeutet wird und in dem die Großen von der geschäftigen Außenwelt abgeschnitten sind Weite von Romney Marsh. Als Hommage an das Zeitalter des *Fin de Siècle* schlängelt sich eine einzige Eisenbahnlinie durch die Küstenwüste, und ein- oder zweimal am Tag hält ein verschlafener Zug nur eine Meile vor dem Dorf. Das Dorf Hoyle war einst eine Stadt mit Stadtrecht und wurde viele Jahrhunderte vor der Erfindung der Eisenbahn erbaut. Es lag sogar abseits der belebten Postkutschen und verdankte seinen Reichtum und Aufstieg – und Niedergang – ausschließlich seiner bequemen Nähe zum Meer, seiner Abgeschiedenheit und seinem bezaubernden Blick auf die gegenüberliegende Küste. Ja, sein solider Wohlstand – wenn man es so ausdrückte – war dem Schmuggel zu verdanken. Die Hauptstraße ist von malerischen Häusern aus rotem Backstein gesäumt, die von den Nachkommen – sagen wir Matrosen? – einer wohlhabenden, primitiven, äußerst respektablen Gemeinde bewohnt werden, obwohl der Großvater des jetzigen Mieters aus dem oberen Fenster einen Präventivschuss abfeuerte Offizier ist tot; und im Schornstein der nächsten Hütte (einer äußerst unschuldig aussehenden Behausung) lagen drei Männer, die in Schwierigkeiten steckten, eine ganze Woche lang verborgen. In den geräumigen Kellern des Gasthauses Cause is Altered waren Ballen Seide und Fässer Brandy schon seit Menschengedenken nicht fremd.

Zwischen dem Dorf und dem Gasthaus steht ein solides altes rotes Haus mit einem kleinen umzäunten Garten davor und einem gepflasterten Fußweg, der zu seiner kleinen grünen Flurtür führt. Die Fenster sind schmal, die Räume unregelmäßig und die Decken absurd niedrig – aber auch die Miete. Es passt hervorragend zu seinen Mietern; es ist warm, geräumig und günstig; Es verfügt über einen schönen ummauerten Garten auf der Rückseite und mehrere Hektar Keller und ist unter dem Namen „Merry Meetings" bekannt. Diese heitere Bezeichnung ist nicht neuzeitlich, sondern weist auf die großartige alte Zeit zurück, als es die Residenz des Oberhaupts von Hoyle war; als es Club, Bank, Empfangshaus und Festung war. In Mrs. Gordons anständigem, getäfelten Salon fanden zahlreiche Zechgelage statt. Was für düstere Geschichten und seltsame Flüche haben seine Mauern gehört! In der heutigen Zeit gab es fröhliche Zusammenkünfte, die weitaus zahmer waren, als sich die Mädchen der Nachbarschaft um den Tisch versammelten und bei Tassen ehrlichen Tees plauderten und lachten, der in Mrs. Gordons dünner alter silberner Teekanne aufgebrüht wurde. Hübsche Mädchen haben über Kleidung, Tennis und Hochzeiten gesprochen, wo ehemals wettergegerbte, bärtige Männer zusammenkamen, um die sichere Ankunft einer neuen Ladung zu feiern, hauchdünne Spitzen, ausländische Seidenstoffe und Zigarren zu begutachten und erstklassigen Cognac zu trinken seltsames, aber starkes Wasser.

Die Witwe und ihre Töchter bewohnen Merry Meetings seit fünfzehn Jahren, seit dem Tod von Colonel Gordon. Er hatte sich aus dem Dienst zurückgezogen und sich in der Nähe einer Garnisonsstadt niedergelassen, um sein Schwert in eine Pflugschar umzuwandeln; aber in einem schlimmen Moment wagte er sein Bestes in einer verlockenden Spekulation, in der Hoffnung, dadurch sein Einkommen zu verdoppeln; aber stattdessen leider! Wasser kam in die Wheal Rebecca und schwemmte jeden Penny weg. Da Colonel Gordon zwischen ihm und dem Armenhaus nichts anderes als eine kleine Rente sah, war er nicht mutig genug, sich der Situation zu stellen, und starb an gebrochenem Herzen – obwohl man es einen raschen Niedergang nannte – und hinterließ seine Witwe und drei kleine Mädchen, mit denen er zu kämpfen hatte die Zukunft so gut sie konnten.

Die Kontakte von Colonel Gordon waren so wütend auf ihn, weil er sein Geld verloren hatte, dass sie sich strikt weigerten, seiner Witwe zu helfen; Deshalb sammelte sie demütig die Überreste des häuslichen Wracks ein und zog sich mit ihren Kindern und einem alten Diener nach Hoyle zurück, der ihnen ihren Heimatort wärmstens empfohlen hatte, wo ihre „Herrin in Frieden und Ruhe leben konnte, bis sie Zeit hatte, sich umzudrehen und …" Pläne machen." Mrs. Gordon wohnte drei Monate lang im Merry Meeting, das teilweise möbliert war, und blieb dort fünfzehn Jahre lang. Ihre Pläne waren noch unentwickelt; Sie sprach ständig davon, umzuziehen, kam aber nie über diesen Punkt hinaus. Gelegentlich sagte sie: „Nun, Mädels, ich werde dieses Semester wirklich kündigen. Wir müssen umziehen; wir müssen etwas entscheiden. Ich werde einem Hausmakler schreiben. Und, Herrgott, es braucht Ihnen nichts auszumachen, die Gartensamen zu besorgen oder die Küche weiß tünchen zu lassen." Doch als der nächste Tag kam, hatten sich diese Pläne in Luft aufgelöst, die Gartensaat war gelegt und die Küche wie üblich renoviert.

Mrs. Gordon war so etwas wie eine Invalide, wurde von Jahr zu Jahr lethargischer und fiel der unheilbaren Angewohnheit des Aufschiebens zum

Opfer. Sie übergab ihre Schlüssel, ihren Geldbeutel und ihre Autorität in die Hände ihrer ältesten Tochter und begnügte sich damit, sich in aller Ruhe dem Garten, dem Wetter, der Tageszeitung und dem Probieren verschiedener neuer patentierter Medikamente zu widmen. Sie bewahrte noch immer die Überreste einer bemerkenswerten persönlichen Schönheit und eines faszinierenden Auftretens, das alle bezauberte, die mit ihr in Kontakt kamen, vom Metzgerjungen bis zum Herrn des Bodens. Die Leute sagten, es sei beschämend unfair gegenüber ihren Mädchen, wie Mrs. Gordon sich selbst – und sie – lebendig begrub. Sie unternahm nie den geringsten Versuch, ihr Schicksal zu verbessern, sondern begnügte sich damit, den ganzen Tag in einem bequemen Sessel zu sitzen, liebenswürdige Bemerkungen zu machen und gutaussehend, stattlich und träge auszusehen.

Das Leben bei Merry Meetings war eintönig. Zwei oder drei Tennispartys im Sommer, zwei oder drei Teppichtänze im Winter, ab und zu ein Einkaufstag in Hastings – all das waren Ereignisse, die durch lange graue Abschnitte ereignisloser Ruhe unterbrochen wurden. Die Tageszeitung war eine höchst willkommene Ankunft; und die Miss Gordons warteten so sehnsüchtig auf Briefe, auf bewegende Neuigkeiten, darauf, dass „etwas mit der Post kommt", dass „etwas passiert", als lebten sie inmitten einer großen und geschäftigen Gemeinschaft.

Und was ist mit den drei Miss Gordons?

Jessie, die Älteste, ist sechsundzwanzig und überraschend unscheinbar. Sie hat helle Augen und einen dunklen Teint, statt dunkler Augen und einem blassen Teint auch eine Nase, die in einer Burleske kaum fehl am Platz wäre. Sie ist klug, willensstark und praktisch veranlagt und verwaltet die ganze Familie mit bewundernswertem Fingerspitzengefühl, einschließlich Susan, dem heimischen Schatz.

Der Name Jessie Gordon ist als Autorin hübscher Geschichten in Mädchen- und Kinderzeitschriften bekannt. Mit ihrer Feder verdient sie mehr als einhundert Dollar im Jahr (die sie im Allgemeinen in die gemeinsame Geldbörse einzahlt) und wird von ihren Nachbarn mit einem gewissen Maß an Stolz, leicht gemildert durch Unbehagen, betrachtet. Angenommen, sie würde einige ihrer Freunde in ein Buch packen! Allerdings kritisieren sie ihre Arbeit scharf, machen einen großen Vorteil daraus, die Zeitschriften zu kaufen, in denen ihre Geschichten erscheinen, und preisen ihre Verdienste, ihren Ruhm und ihr Einkommen allen Außenstehenden gegenüber.

Die Fee, die mit bürgerlichem Namen Flora heißt, kommt altersmäßig am nächsten an Jessie; Sie ist ungefähr zweiundzwanzig und hat ein vollkommen schönes Gesicht – ein Gesicht, das Dichter und Maler inspiriert, mit makellosen Konturen und einem Paar erbärmlicher blauer Augen. Ein äußerst zarter Teint, auf den jede Sorgfalt, ob angemessen oder unvernünftig, gelegt wird, und jede Menge feines, sonnenbraunes Haar vereinen sich zu einer Vision von Schönheit. Ja, Fairy Gordon ist fast verblüffend schön anzusehen; und wenn man sie auf einer Gartenparty oder in einem Ballsaal sitzen sieht, schreien alle anwesenden fremden Männer sofort nach einer Vorstellung; Und als es geschehen ist und das wundervoll hübsche Mädchen aufsteht, um zu tanzen, siehe, sie ist ein Zwerg – ein armes kleines Geschöpf mit einer schrillen, rauen Stimme und nur vier Fuß vier Zoll groß! Ihre Figur täuscht – der Körper ist im Verhältnis zu den Gliedmaßen sehr lang.

Fairy hat einem potenziellen Partner schon so manchen Schock versetzt. Konnte sie jemals ihre Bestürzung in ihren Gesichtern lesen? Anscheinend nic; Denn egal, wer zu Hause blieb, die Fee konnte es nicht ertragen, eine Unterhaltung zu verpassen, nicht einmal ein Schulfest oder eine Kinderparty. Es war ein ungeschriebenes Familiengesetz, dass die Fee immer an erster Stelle stehen musste, immer beschützt, gestreichelt, verwöhnt und belustigt werden musste, und niemand schloss sich dieser Regel bereitwilliger an als die zweite Miss Gordon selbst. Sie war sich ihrer eigenen Schönheit sehr bewusst und sprach offen mit ihren Vertrauten über ihre Reize; Aber sie erwähnte nie ihre Kleinwüchsigkeit und ihre Schwestern spielten nur selten darauf an, untereinander , und dann mit angehaltenem Atem. Schon sechs Zoll hätten den Unterschied in der Welt ausgemacht; aber vier Fuß vier war – nun ja, bemerkenswert. Natürlich waren die Nachbarn an Fairy gewöhnt – ein zu vielsagender Name. Sie erinnerten sich nur an ein ganz kleines Ding an sie, ein wunderschönes, verwöhntes Kind, ein Kind, das nie erwachsen geworden war. Sie war noch ein kleines Ding, und doch war sie eine Frau – eine Frau mit einer scharfen Zunge und einem despotischen Temperament. Die Fee hatte echte Feenfinger. Sie stickte hervorragend und verdiente beträchtliche Summen mit kirchlichen Handarbeiten, die ausschließlich für die Verzierung ihrer eigenen kleinen Person verwendet wurden. Sie war auch eine hervorragende Hutmacherin und Hobbyschneiderin; aber sie hatte keine Lust auf Musik, Literatur, Hauswirtschaft oder irgendeine der „täglichen Aufgaben, die gemeinsamen Aufgaben". All diese Dinge überließ sie ihren Schwestern.

Honor, die jüngste Miss Gordon, ist zwanzig Jahre alt, schlank, anmutig und groß – vielleicht zu groß. Sie hätte ihrer kleinen Verwandten vielleicht ein paar Zentimeter gespart, denn sie misst etwa 1,70 Meter. Sie hat ein ovales Gesicht, dunkelgraue Augen, dunkles Haar und ein strahlendes Lächeln. In einer Familie, die sich weniger durch Schönheit auszeichnete, wäre sie bemerkenswert gewesen. So behaupten einige Leute, dass sie trotz Fairys wunderbarer Hautfarbe und makelloser Gesichtszüge in ihrer jüngeren Schwester mehr zu bewundern sehen – denn sie hat einen schönen Ausdruck. Ehre ist das nützliche Mitglied der Familie. Jessie konnte keine Blumen arrangieren, kein Kleid ausschneiden oder einen Kuchen backen, um ihr Leben zu retten. Honor kann all dies tun. Sie hat eine Art schnelles, magisches Gespür. Alles, was sie unternimmt, sieht ordentlich und zierlich aus, vom Hut bis zum Apfelkuchen. Ihr unerschöpflicher Geist korrespondiert mit ihren fröhlichen, tanzenden Augen, und sie ist das Leben und die Stütze des gesamten Establishments. Sie spielt auf bemerkenswerte Weise Geige. Nicht, dass sie großartig spielt oder schwierige Stücke meistert, aber für ihr Publikum scheinen sie und ihre Geige eins zu sein, und ihr Spiel hat einen Charme, den die Zuhörer weder erklären noch widerstehen können.

Die jüngste Miss Gordon hat ihre Fehler. Das Wichtigste davon ist eine unerwünschte Stumpfheit und unverschämte Rücksichtslosigkeit der Sprache – eine beklagenswerte Art, die Wahrheit, die ganze Wahrheit und nichts als die Wahrheit vorzustellen, egal wie unwillkommen oder wie nackt – und eine seltsame, halb abwesende und gänzlich abwesende Art beunruhigende Art, laut zu denken.

Ihre Freunde (von denen es viele gibt) erklären, dass sie jung ist und aus diesen Eigenheiten herauswachsen wird, und auf jeden Fall ist sie bei weitem die beliebteste der drei Schwestern!

An einem böigen Märzmorgen zeigte das Meer turmhohe graue Wellen mit cremefarbenen Kämmen, der Regen prasselte lautstark gegen das Fenster, in dem Jessie Gordon stand und darauf wartete, dass der Wasserkocher kochte, und auf den Postboten wartete. Hier kam er endlich, schritt in seinem glänzenden Ölzeug den gepflasterten Weg hinauf und mit einem donnernden Knall, Knall! er ist weg.

„Das Papier, eine Kohlerechnung und ein Indianerbrief", sagte Jessie zu Fairy, die, in einen Schal gehüllt, über dem Feuer kauerte. „Ich bringe sie nach oben, während du auf den Wasserkocher aufpasst."

Mrs. Gordon frühstückte immer im Bett, um „Ärger zu sparen", erklärte sie, erwähnte aber nicht, wen sie nannte. Sie drehte die Briefe träge um und rief:

„Einer aus Indien von Sara Brande. Wunder werden niemals aufhören! Was kann sie wollen? Nun, lassen Sie mich sofort meinen Tee trinken, und wenn ich ihren Brief gelesen habe, werde ich ihn Ihnen hinunterschicken. Und hier – du kannst die Zeitung zu Fairy bringen."

Jessie widmete sich wieder ihrer Teezubereitung – sie und Honor verbrachten etwa eine Woche lang den Haushalt. Mitten im Frühstück stolzierte Susan ins Zimmer – ein ungewöhnlicher Vorfall – und sagte:

„Miss Jessie, die Herrin will das Klingelseil herunterziehen. Ich dachte, das Haus brenne. Du sollst sofort nach oben zu ihr gehen."

Jessie war etwa eine Viertelstunde abwesend, und als sie strahlend und mit einem Brief in der Hand erschien, hatte sie eine solche Miene unterdrückter Freude, dass es ihren Schwestern klar war, noch bevor sie die Lippen öffnete Das lang erwartete „Etwas" war endlich passiert.

KAPITEL V.
EIN INDISCHER BRIEF.

„Tolle, tolle Neuigkeiten, Mädels!" rief Jessie und wedelte mit dem Brief über ihrem Kopf. "Frau. Brande – ich meine Tante Sally – hat geschrieben, um einen von uns zu bitten, auszugehen und bei ihr zu wohnen, und sie scheint sich ziemlich sicher zu sein, dass ihr Angebot angenommen wird, denn sie legt einen Scheck für Outfit und Reisegeld bei. Es ist auch eine kurze Einladung; Wer sich für eine Reise nach Indien entscheidet, muss innerhalb der nächsten zwei Wochen damit beginnen."

Honor und Fairy blickten einander ungläubig an und Fairys zarter Teint veränderte sich schnell von rosa zu purpurrot, von purpurrot zu weiß.

„Ich werde es dir vorlesen", fuhr Jessie fort und setzte sich, während sie sprach. „Die Schreibweise ist eigenartig und einige Wörter sind nur viermal unterstrichen. Hm!

„'Rookwood, Shirani.

„„ LIEBE SCHWÄGERIN ,

„„Es kommt nicht oft vor, dass ich zur Feder greife, aber ich habe Ihnen etwas sehr Wichtiges zu sagen. Ich bin nicht mehr so jung wie früher und verspüre das Bedürfnis nach Gesellschaft. Pelham ist viel unterwegs und ich bleibe mit Ben allein; Er ist das herzensgutste Geschöpf der Welt und kennt jedes Wort, das ich sage, aber er kann weder sprechen, noch im Haushalt helfen, noch auf Bälle und in die Kirche gehen, da er nur ein Hund ist. Was würdest du davon halten, mir eines deiner Mädchen zu überlassen? Sie haben drei und könnten einen entbehren. Tatsächlich müssen drei unverheiratete Töchter für jede Mutter eine wirklich schreckliche Sorge sein. Wir gehen davon aus, dass wir in etwa einem Jahr zu Hause sein werden. Wenn es also zum Ernstfall kommt, haben Sie sie in zwölf Monaten wieder bei sich. Wen auch immer Sie schicken, Sie können sicher sein, dass ich für sie eine Mutter sein werde, und Pelham auch. Sie soll das Beste von allem haben, was Gesellschaft und Kleidung betrifft, und ich garantiere Ihnen, dass sie nur die *schönsten Beaux kennt* und dass sie sehr glücklich sein wird. Das heiße Wetter steht vor der Tür und Reisen nach April sind gefährlich, sowohl auf dem Land- als auch auf dem Seeweg. Deshalb möchte ich, dass Sie sie so schnell wie möglich schicken. Sie sollte spätestens zwei Wochen nach Erhalt damit beginnen, sonst hat ihr Kommen überhaupt keinen Sinn. Sie konnte erst im Oktober wieder aufbrechen, und es würde sich für sie nicht lohnen, sechs Monate lang zu uns zu kommen. Pel legt einen Scheck für ihre Überfahrt und fünfunddreißig Pfund zusätzlich für Schachteln, Handschuhe, Unterröcke usw. bei. Ich ziehe es vor, ihre Kleider *selbst zu entwerfen* , und werde sie schick machen. Zweifellos sind Sie nicht im Weg, die neuen Moden zu sehen, und wir sind hier draußen ungewöhnlich elegant. Wenn sie bis *Mitte April* in Bombay sein könnte , könnte ich sie in Allahabad treffen und großziehen, denn ich bin nicht dafür, dass Mädchen alleine reisen. Auch Pel ist besorgt und hofft, dass Sie uns nicht ablehnen. Sie wissen, dass er viel in seiner Macht hat; Deine Mädchen sind seine *nächsten Verwandten* , und ein Nicken ist so gut wie ein *Augenzwinkern* für ein blindes Pferd – was natürlich nicht bedeutet, dass *du* ein blindes Pferd bist. Dieser Ort ist in der Saison fröhlich und hat jede Menge Tamashas; Was Schlangen betrifft, gibt es so etwas nicht; Und was das Klima angeht, kann man es sich *ganz* leicht machen.

„„Die klimatologischen Bedingungen dieser Bergbezirke sind ein äußerst wichtiges Element ihrer physischen Geographie und müssen daher ausführlich behandelt werden. Eine ausführliche Diskussion der Meteorologie kann nicht versucht werden, aber es wurden bereits genügend Daten gesammelt, um als Grundlage für eine allgemeine Beschreibung des Klimas zu dienen. In dieser Hinsicht bietet der Himalaya aufgrund seiner geringeren Entfernung vom Äquator viele Vorteile *im* Vergleich zu den Alpen und anderen europäischen Bergen.‟‟ (Das Obige wurde, mit Ausnahme der Kursivschrift, kühn von a übernommen Ortsverzeichnis gefunden in Mr. Brandes Schreibzimmer.)

„„Es gibt im Allgemeinen eine ganze Reihe junger Männer, und natürlich haben wir viele Gäste. Sie soll ein schönes, ruhiges Pony und eine neue *Rikscha haben* , also werden wir sie unbedingt erwarten. Liebe Grüße an eure Töchter und besonders an *unsere* .

„„Mit freundlichen Grüßen',
, SARABELLA BRANDE '.

„Was halten Sie davon?‟ fragte Jessie und sah abwechselnd ihre beiden starrenden Schwestern an.

„Ich sage natürlich, dass es ein Schwindel ist! „Irgendein Witz von dir, Jessie‟, erwiderte Honor mit einem spielerischen Griff nach dem Brief. „Was soll das ganze Geschwätz darüber, dass Onkel Pelham die Mutter eines Kindes ist und dass die Mutter kein blindes Pferd ist, und dass die klimatologischen Bedingungen in den Hügeln herrschen, ganz zu schweigen von den Schlangen und den *Beaux* ? Du solltest dich schämen – ich hätte es selbst besser machen können.‟

„Lesen Sie es – prüfen Sie den Poststempel‟, sagte Jessie und warf es nun auf den Tisch.

Ja, es gab keinen Raum für Zweifel; Es war ein *echter* Indianerbrief. Als Honor es kritisch umdrehte, rief sie plötzlich:

„Haben Sie *das* – das Juwel der gesamten Produktion – das Nachwort gesehen?"

Beide Schwestern beugten sich eifrig vor, und da, ganz oben auf dem letzten und ansonsten leeren Blatt, war als hastiger nachträglicher Einfall gekritzelt:

„PS: Schicken Sie unbedingt das *Hübsche* ."

„Sie muss eine äußerst originelle alte Person sein", sagte Honor mit funkelnden Augen. „Und im Namen von Dr. Johnson, was ist eine ‚Tamasha'?"

„Frag mich etwas Einfacheres", erwiderte Jessie.

„Was sagt Mutter dann zu dieser bemerkenswerten Einladung?"

„Vielleicht wissen Sie es besser, als das zu fragen!" unterbrach Fairy, die offensichtlich ungeduldig zugehört hatte. „In dieser Familie heißt es: ‚Was sagt Jessie?' Was *sagst* du, Jess?"

„Ich sage: Lehnen Sie niemals ein gutes Angebot ab. Es dauert nur zwölf Monate; und natürlich muss einer von uns gehen!"

du dann gehen?" fragte Fee mit hochgezogenen Brauen.

„Bin ich die Hübsche?" fragte Jessie sarkastisch. „Ich sollte vom nächsten Dampfer zurückgeholt werden."

"Nein, natürlich; Daran habe ich nie gedacht", erwiderte ihre Schwester nachdenklich. „Ich bin die Hübsche; Davon war noch nie die Rede – oder, Mädels?"

„Nein, niemals", erwiderte Jessie in ihrem sachlichsten Ton und sie und Honor tauschten verstohlene Blicke aus.

Einige Sekunden lang schien Fee in Gedanken versunken zu sein, während sie mit einer Gabel Muster auf die Tischdecke zeichnete. Schließlich blickte sie auf und rief:

„Es ist nur für zwölf Monate, wie du sagst, Jess; Zwölf Monate vergehen bald wie im Flug." Und sie warf ihren Schal zurück und stützte ihre Ellbogen auf den Tisch. „Lehnen Sie niemals ein gutes Angebot ab – zum Beispiel ein Pony, eine Rikscha – was auch immer das ist – die neuen Kleider, die beste Gesellschaft, die besten *Beaux* !" und sie brach in schrilles Gelächter aus, als sie ausrief: „Weißt du, Mädchen, dass ich denke, dass ich gehen werde!"

Auf diese unerwartete Ankündigung folgte eine Pause, das Ergebnis völliger Verblüffung.

„Ja", fuhr sie mit zunehmender Lebhaftigkeit fort, „ich glaube, es würde mir ausgerechnet gefallen. Die Idee wächst in mir. Ich werde hier weggeworfen. Was nützt ein hübsches Gesicht, wenn man es nie sieht? Sagte sie *fünfunddreißig* Pfund für das Outfit? Ich kann das weit bringen. Ich nehme keine meterweiten Sachen mit, so wie ihr zwei Riesinnen. Meine Maßanfertigung und mein Frühlingskleid sind neu. Ich laufe einfach rauf und bespreche es mit der Mutter." Und sie schob ihren Stuhl zurück und eilte aus dem Zimmer.

Jessie und Honor starrten einander weiterhin über den Tisch hinweg an, in absolut suggestivem Schweigen, das schließlich von Jessie unterbrochen wurde, die in einem Ton leiser Verzweiflung sagte:

„Ich wünschte, dieser lächerliche Brief wäre nie angekommen. Zuerst hielt ich es für eine Kapitalsache. Ich dachte, du solltest annehmen."

"ICH!" rief Honor; „Und, bitte, warum sollten Sie *mich auswählen* ?"

„Aus einem halben Dutzend ausgezeichneter Gründe; Du bist hübsch, jung, aufgeweckt und beliebt. Du hast ein Händchen dafür, Freunde zu finden. Alle Leute hier und im Dorf hätten lieber *deinen* kleinen Finger als den Rest von uns zusammen. Du gehst direkt in ihre Herzen, meine Liebe, und deshalb bist du das am besten geeignete Mitglied dieser Familie, um nach Indien geschickt zu werden, um dich bei unseren reichen Verwandten einzuschmeicheln."

„Deine schönen Komplimente sind verschwendet, Jess – deine ‚Butter' wird weggeworfen – denn ich gehe nicht nach Indien."

"NEIN; und die Fee hat zuvor ihren Dampfer und ihr Reisekostüm ausgewählt; Wenn sie sich entschlossen hat zu gehen, wird sie nichts mehr aufhalten – und Onkel Pelham und Tante Sally wurde nie gesagt, dass Fairy so klein ist. Was *werden* sie sagen?" Sie betrachtete ihre Schwester mit ehrfürchtigen Augen und einer erhöhten Farbe.

Was würde Mrs. Brande – die bereits mit ihrer Nichte aus England prahlte und lautstark den Ruhm des hübschen Mädchens verkündete, das sie erwartete – zu Fairy sagen? Welche Gefühle würde sie empfinden, wenn sie aufgefordert würde, einen bemerkenswert hübschen kleinen *Zwerg willkommen zu heißen* ?

„Es muss verhindert werden", murmelte Honor. „Sie darf nicht gehen."

„Wird Fairy jemals daran gehindert, das zu tun, was sie will?" fragte Jessie mit ernstem Gesicht.

Auf diese relevante Frage konnte ihre Schwester keine angemessene Antwort finden. Nach einer Pause stand sie auf und sagte:

„Lass uns nach oben gehen und hören, was sie zu Mutter sagt.“

Mrs. Gordon saß mit gerötetem Gesicht und besorgtem Gesichtsausdruck aufrecht im Bett und lauschte der brillanten Beschreibung von Fairys zukünftiger Karriere in Indien.

Fee, beide Ellbogen auf dem Bett und ihr spitzes Kinn in den Händen, zählte schnell ihre neuen Kleider auf und fragte sich, wie bald sie fertig sein würden, und erklärte, wie glücklich es sei, dass sie eine Menge Muster im Haus hatte, und dass ihre Mutter Wunder vollbringen könnte, wenn sie ihr nur zwanzig Pfund abnehmen würde. Sie redete so ununterbrochen und so ausführlich, dass niemand die Möglichkeit hatte, einen Rat zu geben, Einwände zu erheben oder ein einziges Wort einzubringen. Ihre Mutter und ihre Schwestern lauschten in erzwungenem, unruhigem Schweigen dem Strom der fast leidenschaftlichen Beredsamkeit dieses kleinen Wesens.

„Die Vorbereitungen werden zwei Wochen dauern“, sagte sie. „Dies ist der fünfzehnte März; Was für ein Durcheinander wird es geben! Ihr zwei Mädchen werdet euch die Finger bis auf die Knochen nähen müssen, nicht wahr, Mutter?“

Ihre Mutter stockte mit einer schwachen Zustimmung.

„Ich brauche mindestens zwölf Kleider und ein halbes Dutzend Hüte. Ich muss morgen nach Hastings fahren. Schließlich hielt sie inne, mit scharlachroten Wangen und ganz außer Atem.

„Es dauert fast eine Woche, bis die Post verschickt wird“, wagte Jessie es. „Und für eine Entscheidung ist es noch viel zu früh. Der Brief ist erst vor einer Stunde angekommen, und es gibt noch viel zu bedenken, bevor Mutter sich entscheiden kann, wen von uns sie entbehren kann, und –“

„Die ganze Sache ist *ganz* geklärt“, unterbrach die Fee in ihrer schärfsten Tonart – Jessie war nicht ihre Lieblingsschwester – „nur mischst du dich immer so gerne ein und mischst dich so gern in jeden ein, von der Mutter abwärts. Tante Sara verlangte ausdrücklich nach der Hübschen; Du hast es schwarz auf weiß gesehen, und Mutter sagt, ich soll mir selbst gefallen – nicht wahr, Mutter?“ Sie appellierte an ihre Eltern, deren Blick vor dem vorwurfsvollen Blick ihrer ältesten Tochter schuldbewusst sank. Dennoch seufzte sie tapfer:

„Ja, Fee, das nehme ich an.“

"Dort!" rief die Fee triumphierend. „Sehen Sie, Mutter hat sich entschieden, und ich habe mich entschieden. Ich bin nicht wie manche Menschen, die Wochen brauchen, um sich zu entscheiden, besonders wenn Momente kostbar sind. Ich muss eine Menge Briefe für die frühe Post schreiben. Ehre,

erinnern Sie sich an den Namen der Schneiderin von Mrs. Travers? Und
meinst du, ich sollte mir ein Habit und Reitstiefel anschaffen?"

KAPITEL VI.
„ROWENA" – IN VOLLER LEBENSGRÖSSE.

Die erstaunliche Nachricht, die Merry Meetings erreicht hatte, wurde dank Susans Schwester, die den Posten der Botin und Putzfrau innehatte, bald im ganzen Dorf verbreitet. Der Brief wurde herzlich besprochen, im sandigen Salon des The Cause is Altered Inn, an der Theke bei Hogben's, dem Lebensmittelhändler, im Pfarrhaus, bei Dr. Banks und auch bei den Trevors – der Familie im Flur – einer Familie für denen die Misses Gordon die meisten ihrer trivialen Fröhlichkeiten zu verdanken hatten. Die Meinung war, ob im Saal oder im Schankraum, ausnahmsweise einstimmig. Natürlich muss eine der Gordons das Angebot ihres reichen Onkels annehmen, und das ohne dumme oder unnötige Verzögerung. Obwohl es ein nasser Nachmittag war, trafen Cara und Sophy Trevor, Mrs. Banks, der Pfarrer und Mrs. Kerry fast gleichzeitig bei Merry Meetings ein und füllten den Salon zur Hälfte; Es war mittelgroß, hatte eine Südausrichtung und tiefe, bequeme Fensterbänke. Die Möbel waren altmodisch und der Teppich abgenutzt, aber ein paar Korbstühle, ein paar Perserteppiche, eine Menge Bilder, Bücher, Blumen und Handarbeiten deckten viele Mängel ab; Es war das allgemeine Wohnzimmer der Familie, und wenn auch nicht immer perfekt aufgeräumt, wirkte es doch wunderbar heimelig, ganz anders als so viele seiner Namensgeber, die an bestimmten Tagen ein Feuer haben; karge, formelle Wohnungen, die ausschließlich Besuchern vorbehalten sind. Mrs. Gordons Freunde kamen rund um die Uhr vorbei, hauptsächlich jedoch um fünf Uhr, und der Tee und die warmen Kuchen, die bei Merry Meetings ausgegeben wurden, galten in dieser Gegend als unübertroffen.

Schauen Sie sich eine Auswahl von Mrs. Gordons nächsten Nachbarn an, die sich eifrig um ihren Herd versammelten, während Honor in dünnen, alten, flachen Tassen Tee kochte.

„Wir haben uns alle am Tor getroffen!" erklärte Cara Trevor, „und wir sind, wie Sie sehen, gekommen, um Sie in großer Zahl aufzusuchen und Ihre Neuigkeiten mit unseren eigenen Ohren zu hören." Stimmt es, liebe Dame, dass eines der Mädchen sofort nach Indien geht?"

„Ja", antwortete Frau Gordon. „Ich habe heute Morgen von meiner Schwägerin gehört, dass sie und mein Bruder sich sehr darauf freuen, eine ihrer Nichten zu Besuch zu haben; Sie geben uns sehr kurzfristig Bescheid – nur zwei Wochen. Ehre, meine Liebe, Cara wird noch einen Kuchen nehmen."

„Nein, nein, danke", rief Miss Trevor ungeduldig. „Bitte fahren Sie fort und erzählen Sie mir alles über diese entzückende Einladung, Herr. Wo ist dein Onkel? in welchem Teil Indiens?"

„Er ist die meiste Zeit des Jahres in Shirani, einer Bergstation. Ich glaube, er hat eine ziemlich gute Ernennung, was etwas mit den Einnahmen zu tun hat."

„Ich weiß alles über Shirani", antwortete Sophy Trevor mit einer Miene von ungewöhnlicher Wichtigkeit. „Einst war dort ein Cousin untergebracht; Es ist ein großartiger Ort zum Schießen, Tanzen, Picknicken und Tennispartys – ganz anders als dieses tote und lebendige Hoyle. Es sollte wirklich ohne das *y* geschrieben werden . Ich wünschte, jemand würde *mich* nach Indien einladen. Ich würde heute Abend mit nur ein paar Korbhosen und einem Ankleidebeutel startklar sein. Wer von euch geht? Ich nehme an, Sie haben noch nicht daran gedacht?" aber sie sah Honor direkt an.

„Oh, es ist ganz geklärt", erwiderte Fee mit ihrer klaren, schrillen Stimme. „Es wurde sofort entschieden, da wir keine Sekunde Zeit haben. Du wirst *mich verlieren* ", und sie lachte affektiert. Für so eine kleine Frau lachte sie außerordentlich laut.

Aber es gab kein antwortendes Echo – nein, nicht einmal ein Lächeln; im Gegenteil, auf jedem Gesicht breitete sich ein Ausdruck leerer Bestürzung aus.

Mrs. Banks war die erste, die ihre Fähigkeit zum Sprechen wiedererlangte, als sie der Gesellschaft mit einem etwas hysterischen Kichern die selbstverständliche Tatsache mitteilte:

„Ich nehme an, die indische Post ist heute angekommen?"

„Ja", antwortete Jessie und fügte bedeutungsvoll hinzu, „und geht am Donnerstag aus, also haben wir Onkel Pelham noch keine Antwort geschickt."

„Er weiß nicht, was ihn erwartet", murmelte Mrs. Kerry Mrs. Banks zu, als sie aufstand und ihre Teetasse neben sich auf einen Tisch stellte. In der Zwischenzeit hatte Fairy eine Reihe von Bündeln mit Schnittmustern für Kleidungsmaterialien hervorgebracht und die beiden Miss Trevors gebeten, eine Stellungnahme zu deren Vorzügen abzugeben. Dies führte zu einer gnädigen Ablenkung. Den meisten Frauen macht es Spaß, Schnittmuster umzudrehen, selbst Trauerschnittmuster, und in einem beiläufigen Gespräch über Schneiderinnen und Chiffon endete der Besuch.

„Haben Sie jemals so eine völlig verrückte Idee gehört?" rief Mrs. Banks, sobald sie und die beiden Miss Trevors vor der Flurtür standen. „Ich konnte meinen Sinnen kaum trauen."

„Und kein Wunder", sagte Sophy Trevor. „Sie sollte nicht gehen dürfen; aber sie ist so verzweifelt hartnäckig, dass ganz England sie nicht aufhalten wird, wenn sie sich entschließt, anzufangen."

„Mein Mann wird sie aufhalten", erwiderte Mrs. Banks mit Nachdruck. „Er wird es auf ihre Gesundheit setzen und sagen, dass sie zu empfindlich ist und dass das Klima sie töten wird!"

„Ich bezweifle, dass selbst das sie zu Hause halten würde", sagte Cara, die Fairy gut kannte. „Wie elend Mrs. Gordon aussah. Die Fee ist ihr Idol und dreht sie um den kleinen Finger, und ich mag Fee in der Familie am wenigsten – sie ist so egoistisch und so eitel. Die arme Ehre ist ihre Sklavin, und tatsächlich geben sie ihr alle viel zu sehr nach; Aber wenn sie ihr erlauben, nach Indien zu gehen, werden sie nie einen Penny vom Geld ihres reichen Onkels sehen. Er erwartet ein nettes, hübsches, gewöhnliches Mädchen, kein kleines Monster!"

„Oh, Cara!" protestierte ihre Schwester mit zutiefst schockierter Stimme.

„Nun, du weißt, dass sie ein Monster voller Selbstsucht und Eitelkeit *ist* ", *erwiderte Cara mit unverhohlener Beharrlichkeit.*

Der Rev. James Kerry, der mit seiner Frau hinterher trottete, zeigte eine ungewöhnlich verlängerte Oberlippe – ein sicheres Zeichen übermäßiger geistiger Aufregung.

"Absurd!" er rief aus. „Dieses Kind übt einen höchst verhängnisvollen Einfluss auf seine Eltern aus. Ich muss Mrs. Gordon allein sehen und sie von diesem verrückten Projekt abhalten."

„Und das werden Sie zweifellos auch in fünf Minuten tun", stimmte sein Partner energisch zu, „und sobald Sie gegangen sind, wird Fairy sie wieder zurückrufen. Sicherlich, meine Liebe, kennen Sie Mrs. Gordon? Die ganze Angelegenheit liegt in Fairys Händen, und unsere einzige Hoffnung ist, dass sie ihre Meinung ändert oder die Grippe bekommt, und die Chance dafür ist gering."

Nun war es an Rev. James, wütend mit seinem Begleiter zu argumentieren.

Die nächsten drei Tage waren für die meisten Insassen von Merry Meetings eine Zeit beispiellosen Elends. Fairy war fieberhaft fröhlich und fieberhaft beschäftigt. Obwohl eine schwere Erkältung sie zu Hause festhielt, wurde sie nie von ihren geliebten Mustern getrennt, nein, nicht einmal im Bett. Die meiste Zeit verbrachte sie damit, an Geschäfte zu schreiben, mit Bleistift Berechnungen anzustellen, Hüte zuzuschneiden und Modeteller zu durchsuchen. Sie hatte jetzt nur noch zwei Gesprächsthemen: Indien und Kleidung. Währenddessen sahen ihre Mutter und ihre Schwestern machtlos und in gewisser Weise gelähmt durch den starken Willen dieses kleinen Autokraten zu. In diesen Tagen gab es einen beträchtlichen Verkehr hin und her von Merry Meetings und es klopfte und klingelte ungewöhnlich oft an Mrs. Gordons bescheidener kleiner grüner Flurtür. Statt wie früher ein Papier und einen dürftigen Umschlag mitzubringen, taumelte der Postbote jetzt unter einer Ladung großer Pakete aus braunem Papier und einer riesigen Vielfalt an Kartons. Telegramme waren an der Tagesordnung, und Dutzende Briefe gingen ein. Fairys Vorbereitungen schritten stetig voran, obwohl ihre Schwestern ernst miteinander flüsterten: „Sie darf nicht gehen." Wer sollte sie daran hindern? Nicht ihre Mutter, die in ihrem gewohnten Sessel saß, gequält und traurig aussah, ab und zu herzzerreißende Seufzer ausstieß und sich ein feuchtes Taschentuch an die Augen hielt.

Nicht der Rektor. Er hatte lange und, wie er glaubte, beredt mit Fairy diskutiert; aber vergeblich. Er wies auf die Trauer ihrer Mutter hin, auf ihren großen Widerwillen, sich von ihrem Lieblingskind zu trennen, auf ihren eigenen unsicheren Gesundheitszustand, aber er sprach auf taube Ohren; und Dr. Banks erging es trotz der stolzen Prahlerei seiner Frau kaum besser. Er versicherte Fairy feierlich, dass sie nicht in der Lage sei, nach Indien zu gehen und die lange Reise allein zu unternehmen; und was auch immer ihre Tante sagen mochte, das Klima war nur für Menschen mit robuster Konstitution geeignet. „War sie robust?" forderte er mit rauer Stimme.

„Er wusste es am besten", erwiderte sie auf ihre schärfste Art. „Eines wusste sie: Sie *würde* … " Ihre Tante hatte sie extra eingeladen, und warum sollte sie sich nicht vergnügen und etwas von der Welt sehen? anstatt lebendig in Hoyle begraben zu werden. Es lebte nicht, es vermoderte."

„Auf jeden Fall würde sie in Hoyle länger leben als in Indien", versicherte ihr der Arzt wütend. Er war wütend auf diesen selbstsüchtigen, egoistischen Teil der Menschheit, der sich immer das Beste von allem gesichert hatte, was seiner verarmten Familie zuteil wurde.

„Was die Unterhaltung angeht", fuhr er fort, „würde sie es nicht sehr amüsant finden, vielleicht wochenlang im Bett zu liegen." Sie war eine fieberhafte Person. Hatte sie an die Krankheiten gedacht, die den Osten regelmäßig heimsuchten – Cholera und Pocken?" Fairy, die von Natur aus nervös war, schauderte sichtlich. „Hätte sie an lange Reisen zu Pferd gedacht, die schrie, wenn der Esel die Ohren spitzte! Sie war seiner Meinung nach viel zu zart und zu hilflos, um daran zu denken, das Haus zu verlassen."

Ihre Entschlossenheit wurde durch den Besuch von Dr. Banks und eine fieberhafte Erkältung etwas erschüttert; War es schon ein Vorgeschmack auf

Indien? Aber wo kindliche Pflicht und Angst sie nicht bewegen konnten, trat die Eitelkeit ein und sorgte für eine völlige Kapitulation!

Das verwöhnte Kind der Familie saß eines Spätnachmittags allein im Salon und nähte abwechselnd angenehme Vorfreude und ernsthafte Bedenken in eine elegante Seidenbluse, als ihre Gedanken plötzlich durch ein lautes und ungewohntes Doppelklopfen zerstreut wurden. Sie hörte eine Männerstimme im Flur und hatte kaum Zeit, ihren Schal abzuwerfen und ihr Haar vor dem Glas zu berühren, als Susan verkündete: „Mr. Oscar Crabbe." Er war ein aufstrebender Künstler, der sich zu Weihnachten in der Nachbarschaft aufgehalten hatte und aus rein beruflicher Sicht kein Geheimnis aus seiner tiefen Bewunderung für Miss Fairy Gordon gemacht hatte.

Oscar Crabbe war ein gutaussehender Mann mit einer angenehmen Stimme, einem üppigen braunen Bart und einem lockeren, ungestümen Auftreten.

„Bitte entschuldigen Sie meinen Anruf zu dieser unzeremoniellen Stunde", sagte er, während er mit kalter, ausgestreckter Hand auf ihn zukam. „Ich glaube, es ist lange nach fünf Uhr; aber als ich vorbeiging, dachte ich, ich würde vorbeischauen, um die Chance zu haben, jemanden zu Hause zu finden. Wie geht es deiner Mutter und deinen Schwestern?"

„Meine Mutter liegt mit nervösen Kopfschmerzen da; „Meine Schwestern kaufen in Hastings ein, also musst du dich mit *mir abfinden* ", sagte Fairy kokett.

„Und Sie sind genau die Person, die ich am meisten sehen möchte", erwiderte Mr. Crabbe und zog seinen Stuhl näher, während er sprach. „Ich möchte Sie bitten, mir einen großen Gefallen zu tun – ich möchte Ihr Porträt für die Akademie im nächsten Jahr malen."

„Mein Porträt?" sie wiederholte zitternd.

"Ja; Ich habe dir zu Weihnachten etwas gesagt, du erinnerst dich vielleicht."

„Ich dachte, du machst Witze."

"In der Tat nicht! Ich tastete einfach meinen Weg; und wenn Sie mich mit einigen Sitzungen beehren würden, wäre ich zutiefst dankbar. Ich schlage vor, Sie als Rowena darzustellen – in voller Lebensgröße. Du bist eine ideale Rowena."

"Und wann?"

„Oh, nicht für ein paar Monate – nicht vor Herbst. Aber ich nehme mir immer Zeit für die Stirnlocke; und als ich hier unten bei den Trevors war" (hatte Cara Trevor diesen Besuch angestiftet? Die Geschichte schweigt, und die wahren Fakten werden niemals preisgegeben) „dachte ich, dass ich die Gelegenheit nutzen würde, ein Model für die nächste Saison anzukündigen. Ich werde Sie nur bitten, sich für den Kopf und die Hände neben mich zu setzen; das Kleid und die Figur, an denen ich in der Stadt arbeiten kann. Was sagen Sie?"

„Oh, Mr. Crabbe", sie faltete entzückt ihre kleinen Hände, „es hätte mir mehr gefallen als alles andere auf der ganzen Welt. Es tut mir so leid, aber –"

„Aber deine Mutter würde das nicht gutheißen?"

"Gar nicht. Sie würde verzaubert sein; aber ich gehe sofort nach Indien."

"Nach Indien?" wiederholte er nach einer ausdrucksstarken langen Pause.

"Ja; Meine Tante und mein Onkel haben einen von uns eingeladen – es war höchst unerwartet – und ich gehe."

Mr. Crabbe sah ernst aus; dann lachte er etwas verlegen und sagte:

„Nun, Miss Gordon, ich zähle mich zu den Freunden, die Ihren Weggang zutiefst bedauern. Es tut mir sehr leid – tatsächlich habe ich einen doppelten Grund zum Bedauern, denn so eine Rowena werde ich nie finden!"

„Und es tut mir auch sehr leid. In Indien wird es niemanden geben, der mein Bild malen möchte."

„Da bin ich mir nicht so sicher. Ein junger Mann, ein Freund von mir, reiste letzten Oktober um die Welt. Er ist der klügste Porträtmaler, den ich kenne, obwohl er sich selbst als Amateur bezeichnet und nur zum Vergnügen und zwischendurch beim Jagen und Polospielen malt. Er muss nicht wie der Rest von uns für sein tägliches Brot arbeiten; aber wenn er es tun müsste, würde er sein Vermögen machen, wenn er studierte und sich ans Steuer setzte. Er hat die Gabe, ein echtes Abbild, eine natürliche Einstellung, einen charakteristischen Ausdruck einzufangen, und er schafft das alles so einfach und so schnell. Ein paar schnelle Striche, und die Leinwand scheint zu *leben* . Es ist schade, dass er unseren Beruf nicht ernst nimmt und studiert; aber sein Onkel verabscheut „Maler", wie er sie nennt; und sein Onkel, dessen Erbe er ist, ist Millionär."

"Wie schön! Und wie heißt dieser glückliche junge Mann?"

„Mark Jervis."

„Ich muss versuchen, mich zu erinnern. Vielleicht treffe ich auf ihn, und er malt vielleicht ein Bild von mir; aber es wird nichts im Vergleich dazu sein, es von *Ihnen* machen zu lassen und in der Royal Academy aufzuhängen."

Sie wandte ihrem Besucher ihr Gesicht mit einem Ausdruck verträumter Ekstase zu. Eine zarte Farbe, ein strahlendes Funkeln in ihren Augen, der passende Hintergrund eines roten Lampenschirms, der ihr perfektes Profil hervorhob, alles zusammen verstärkte die Wirkung von Fairys transzendenter Schönheit; und Oscar Crabbe versicherte sich offen, dass er gerade dabei war, in das Gesicht des schönsten Mädchens Englands zu blicken. Als er hinsah, verlor er den Kopf und stammelte entzückt:

„Oh, wenn ich dich nur so darstellen könnte, wie du jetzt bist, wäre mein Ruf gesichert; du würdest mich berühmt machen!"

„Du meinst, du würdest *mich* berühmt machen", erwiderte sie und senkte verschämt den Blick. „Wissen Sie, dass Sie mich fast dazu verleiten, Indien zu verlassen und zu Hause zu bleiben?"

"Ich wünschte du würdest. Ihr seid aus viel zu zartem Ton für die grimmige tropische Sonne, und Indien spielt den Teufel – ich meine", er richtete sich auf, „es ist das Grab der Schönheit. Wenn irgendetwas passieren sollte, was Sie an der Durchführung Ihrer Reise hindert, würden Sie mich dann unbedingt informieren?"

„Sie können sicher sein, dass ich es tun werde."

„Ich frage mich, ob eine Ihrer Schwestern –" begann er, als sich die Tür öffnete und die beiden fraglichen Damen einließen. Sie waren kalt, müde, sehnten sich nach Tee und leisteten keinen ernsthaften Widerstand gegen Mr. Crabbes sofortige Abreise. Er hielt Fairys Hand einige Sekunden lang in seiner, als würde er sie nur ungern loslassen, und er übte einen schwachen, aber deutlich wahrnehmbaren Druck aus, als er sagte: „Ich werde nicht ‚Bon voyage' sagen, sondern ‚Au revoir'." Erinnere dich an dein Versprechen", und eilte davon.

Ihren Verwandten fiel auf, dass Fairy den ganzen Abend ungewöhnlich still war. Sie schien in Gedanken versunken zu sein, und ihre hübsche weiße Stirn war tatsächlich in Falten gelegt, als sie mit geschickten und schnellen Fingern nähte. Um ehrlich zu sein, wog die junge Dame sorgfältig die Vor- und Nachteile ihrer Reise in den Osten ab. Sie lag in dieser Nacht stundenlang wach und beschäftigte sich mit verschiedenen Fragen in ihrem geschäftigen kleinen Gehirn.

Einerseits würde sie Hoyle entkommen und ein schwules und romantisches Leben führen. Sie wurde zu Bällen und Partys mitgenommen und war der Blick aller Augen; Sie hätte viel Taschengeld, viele hübsche Kleider, jede Menge Luxus – das war die eine Seite des Schildes. Auf der Rückseite sah sie im Geiste eine hasserfüllte Seereise, ein ungewohntes Leben und Klima, eine ewige Angst vor Fieber, Cholera und Schlangen; sie würde sich wahrscheinlich daran gewöhnen müssen, auf wilden Ponys zu reiten und an den Rändern schrecklicher Abgründe getragen zu werden; Sie würde niemanden haben, der sie streichelte und ihre Sachen zusammensuchte, ihr die Haare frisierte und ihre Handschuhe flickte – ja, sie würde Honor schrecklich vermissen. Mr. Crabbe hatte ihr versichert, dass Indien das Grab der Schönheit sei. Angenommen, sie wäre ein Schreckgespenst! Dr. Banks hatte einen angeschlagenen Gesundheitszustand angedeutet. Nein, schließlich würde sie zu Hause bleiben; Ihre Tante und ihr Onkel würden in einem Jahr in England sein, sie würde ihnen einen schönen langen Besuch abstatten, ohne ihre Gesundheit oder ihr Aussehen aufs Spiel zu setzen; dann wäre da noch *Rowena*, ein nachhaltiger und substanzieller Triumph! Sie hatte Visionen von ihrem Bild, das in der Royal Academy an der Leine hing und von der Polizei bewacht wurde, um die anstürmende Menge an Bewunderern auf Abstand zu halten, von Menschenmengen, die gebannt ihr Porträt betrachteten, von Notizen in den Zeitungen der Gesellschaft, von Fotos in Schaufenstern, große Berühmtheit und die Anerkennung ihrer Schönheit im Angesicht ganz Englands.

Die Aussicht war berauschend. Gegen Morgen schlief sie ein und genoss herrliche Träume.

Am nächsten Morgen, bevor sie zum Frühstück hinunterging, rief sie ihre Schwestern in ihr Zimmer und sagte in ungewöhnlich förmlicher Weise:

„Jessie und Honor, ich kann Ihnen genauso gut sagen, dass ich meine Meinung geändert und den Gedanken, nach Indien zu gehen, aufgegeben habe, also dachte ich, Sie sollten es sofort wissen."

„Ich freue mich, das zu hören", antwortete Jessie mit ungekünstelter Erleichterung. "Aber warum?" musterte sie mit fragenden Augen. „Warum haben Sie Ihre Pläne so plötzlich geändert?"

„Ich habe die ganze Nacht wach gelegen und an Mutter gedacht", war die verlogene Antwort. „Ich sehe, sie macht sich schreckliche Sorgen; Es würde ihr das Herz brechen, sich von mir zu trennen, und ich werde sie niemals verlassen, oder zumindest", korrigierte sie sich, „niemals England verlassen."

„Es ist bedauerlich, dass du nicht etwas früher an Mutter gedacht hast!" sagte Jessie und blickte sich im Raum um, der mit Kisten und Paketen vollgestopft war, die Einkäufe in Form von Hüten, Schuhen und Jacken und viele Artikel „auf Genehmigung" enthielten. „Ich denke, es wäre sehr klug von Ihnen, zu Hause zu bleiben; aber es ist schade, dass Sie so tolle Vorbereitungen getroffen haben. Nicht wahr, Herr?"

„Das denkst *du* zweifellos", erwiderte Fairy sarkastisch. „Natürlich ist es schade, dass keines meiner hübschen neuen Sachen einem von *euch* passt."

Kapitel VII

FEE RELENTS.

Nachdem Fairy nun zur großen Erleichterung aller ihre Meinung geändert und ihren Anspruch zurückgezogen hatte, blieb die Frage: Wer sollte gehen? Die öffentliche Meinung, ihre Mutter Jessie – kurz gesagt, jede Stimme bis auf eine, sagte Honor. Aber Honor war nicht in der Lage, den Osten zu besuchen. Sie war keine unternehmungslustige junge Frau und liebte ihr Zuhause; und wenn Fairy mit ihr allein war, vergoss sie jedes Mal, wenn das Thema erwähnt wurde, einen Schauer von Krokodilstränen. Sie konnte es nicht ertragen, sich von ihrer Lieblingsschwester zu trennen; Nein, es war zu grausam von den Leuten, so etwas vorzuschlagen. Wer, fragte sie sich, würde ihr die Haare frisieren, ihre Stiefel zuknöpfen und ihr zum Schlafen vorlesen? Und viele von Honors verhassten Aufgaben fielen ihr zu, wie zum Beispiel das Ordnen der Blumen, das Abstauben des Wohnzimmers, die Haushaltsführung, das Versenden von Nachrichten, denn Jessies Zeit bedeutete Geld und musste respektiert werden. Laut, im Familienkreis, sagte sie in autoritativem Ton: „Lass Jessie gehen! Was das Aussehen betrifft, so ist für Indien *jedes Aussehen gut genug;* Sogar Jessie wird dort gut aussehen. Warum sollte schließlich einer von ihnen die Einladung annehmen? England war ein freies Land. Sie (Fee) würde einen netten, dankbaren kleinen Brief schicken und den Scheck behalten. Onkel Pelham würde niemals so gemein sein, es zurückzunehmen, und sie würden ein Pony anstelle dieses verrückten Esels kaufen, einen Tennisplatz anlegen und einen zweiwöchigen Ausflug nach London unternehmen und sich einmal in ihrem Leben amüsieren."

Eine Woche ist vergangen. Die Post war ohne Antwort an Herrn Brande verschickt worden. Jessie und ihre Mutter hatten beide ernsthaft mit Honor gesprochen, und sie hatte mit ihrem freundlichsten Lächeln zugehört, während sie auf die Vorteile hingewiesen hatten, die sie persönlich aus ihrer Reise in den Osten ziehen würde. Sie machte keinen Versuch, diesen Punkt zu erörtern, sondern fragte nur spielerisch: Wer solle den Esel treiben? Wer sollte in der Kirche Harmonium spielen? denn sie schmeichelte sich, dass sie die einzige Person in der Gemeinde war, die beides tun konnte. Und da war noch der Garten und das Geflügel – ohne sie wären die Hühner verloren!

„Ohne dich werden wir *alle* verloren sein", entgegnete Jessie. „Aber wir können Sie zu Ihrem eigenen Wohl entbehren."

„Ich möchte nicht zu meinem eigenen Wohl verschont bleiben", antwortete sie. „Ich bleibe lieber zu Hause. Du denkst, dass ich alles vor mir hertragen werde! Sie irren sich gewaltig. Alle deine Gänse sind Schwäne. *Ich* bin eine Gans und kein Schwan. Ich bin nur ein Cousin vom Land, mit schlechter Hautfarbe und unhöflichen Manieren."

"Ehre! Du hast eine schöne Haut, nur nicht viel Farbe; und was deine Manieren betrifft, sie sind genauso gut wie die anderer Leute."

„Sie haben oft gesagt, dass ich erschreckend schroff bin und dass ich die Angewohnheiten eines Wilden oder eines Kindes habe, wenn es darum geht, mit heimischen Wahrheiten herauszuplatzen."

„Oh, aber nur zu Hause; und es darf dir nicht *immer* auffallen, was ich sage."

„Was ist dann mit dem gegenwärtigen Moment? Wenn Sie sagen, ich solle zu Onkel Pelham gehen – woher soll ich dann wissen, dass es mir jetzt etwas ausmachen sollte, was Sie sagen?"

„Bei meinem Wort, Honor, Sie sind wirklich zu provozierend!"

Mrs. Gordon und ihre Freunde ahnten kaum, wie ihre gewichtigen Gründe und Argumente von Fairy zunichte gemacht wurden, die jeden Abend, die Arme fest um den Hals ihrer Schwester geschlungen und das Gesicht an ihres gedrückt, flüsterte: „Du wirst nicht gehen; Versprich mir, du wirst nicht gehen."

Jessie, die klarsichtige, begann endlich zu vermuten, dass Fairy der Grund für den Widerwillen ihrer Schwester war, nachzugeben. Fairy zeigte eine so demonstrative Zuneigung zu Honor. Das war ungewöhnlich. Es war schade, dass die Fee ihre Familie regieren und ihre Wünsche Gesetz sein sollten. Jessie beriet sich mit ihrer Mutter und sie einigten sich darauf, einen anderen Plan auszuprobieren. Sie würden das Thema fallen lassen und sehen, ob weibliche Widersprüchlichkeit ihr guter Freund wäre? Das Wort „Indien" wurde daher drei kostbare Tage lang nicht ausgesprochen; Muster und Passagen usw. wurden nicht mehr besprochen, die Dinge verfielen wieder in ihren alten eintönigen Rhythmus, außer dass Mrs. Gordon häufig ihre jüngste Tochter ansah und ungewöhnlich lange und bedeutungsvolle Seufzer ausstieß.

Eines Nachmittags, zehn Tage nachdem der Brief eingegangen war, der immer noch unbeantwortet auf Mrs. Gordons Schreibtisch lag, traf Honor den Pfarrer, als sie von der Einstudierung von Sonntagsliedern auf dem keuchenden alten Harmonium zurückkam.

„Dies wird eine Ihrer letzten Übungen sein", sagte er. „Ich weiß sicher nicht, *wie* wir Sie ersetzen sollen."

„Warum solltest du mich ersetzen?" Sie fragte. „Ich gehe nicht weg."

„Ich gehe nicht weg", wiederholte er. „Ich habe verstanden, dass alles geklärt ist. Warum hast du deine Meinung geändert?"

„Ich habe mich nie dazu entschlossen, dorthin zu gehen."

"Warum nicht? Denken Sie an alle Vorteile, die Sie daraus gewinnen werden."

„Ja, Vorteile; Das ist es, was mir Jessie immer wieder in den Kopf trommelt. Ich werde die Welt sehen, ich werde hübsche Kleider haben und ein Pony und jede Menge Bälle und Partys und neue Freunde."

„Und das alles würde Ihnen sicherlich gefallen – Sie sind erst neunzehn, Herr?"

„Ja, aber diese Freuden sind für mich selbst; „Es gibt nichts für *sie* ", und nickt in Richtung „Fröhliche Treffen". „Ich bin die einzige Person, die von diesem Besuch profitieren wird , und ich bin mir sicher, dass ich zu Hause mehr gesucht werde als draußen in Indien. Jessie kann nicht alles machen, das Schreiben nimmt ihre Zeit in Anspruch; und ich kümmere mich um Haus und Garten. Und dann ist da noch die Fee; sie kann es nicht ertragen, dass ich sie verlasse."

„Ihr habt die Fee unter euch verwöhnt", rief der Pfarrer gereizt. „Erst neulich war sie verrückt danach, *selbst nach Indien zu gehen* . Sie muss lernen, aufzugeben, wie andere Menschen auch. Es ist völlig falsch, sich den Launen und Fantasien Ihrer Schwester zu opfern. auf lange Sicht werden sie zu einem Joch schrecklicher Knechtschaft werden. Denken Sie daran, dass Sie weder eine Marionette noch ein Idiot sind, sondern ein freier, rationaler Agent."

„Ja", stimmte das Mädchen zu. Sie wusste, dass ihr jetzt einer von Mr. Kerrys persönlichen Vorträgen bevorstand. Es könnte in zwei oder drei Minuten vorbei sein, und es könnte eine halbe Stunde dauern.

„Jetzt hören Sie mir zu, Honor. Ich weiß, dass Sie eine gute, ehrliche junge Frau sind und denke, dass dieser Plan nur Ihnen selbst nützen wird. Sie liegen falsch. Ihrer Mutter geht es gesundheitlich schlecht; ihre Rente stirbt mit ihr. Wenn Sie Ihren einzigen nahen Verwandten beleidigen, wie sollen Sie dann überleben?"

„Ich denke, wir können arbeiten. Jede Frau sollte in der Lage sein, ihr Brot zu verdienen – auch wenn es ohne Butter ist."

„Ehre, ich wusste nicht, dass Sie diese emanzipierten Ansichten vertreten. Ich hoffe, Sie lassen nicht zu, dass ein anderer Mann Sie beim Ausstrahlen hört. Was die Arbeit betrifft! Kann Fairy funktionieren? Ich weiß, Jessie kann ein paar Pfund verdienen, aber sie konnte sich kaum selbst halten; Und wenn du krank wirst, was wirst du tun? Es ist am besten, die Dinge von jedem

Standpunkt aus zu betrachten. Deine Tante und dein Onkel haben dir praktisch angeboten, dich zu adoptieren. Sie werden in einem Jahr zurückkehren; Sie werden viele Freunde für sich und Ihre Schwestern gefunden haben, Ihre eigene, derzeit begrenzte Weltanschauung entwickelt und viele neue Interessen in Ihr Leben gebracht haben. Ihre Abwesenheit von zu Hause wird eine erhebliche Ersparnis sein. Hast du daran gedacht?“

„Eine Ersparnis!“ wiederholte sie ungläubig.

"Natürlich! Isst du nicht? Ein gesundes Mädchen wie Sie kann nicht von der Luft leben; und da ist dein Kleid.“

„Ich mache meine eigenen Kleider.“

"Unsinn!" mit einer ungeduldigen Drehung seines Stockes. „Man macht das Material nicht. Wie kann man so stur sein, so vorsätzlich blind gegenüber seinen eigenen Interessen? Wenn ein anderes Mädchen Ihre Chancen hätte, wäre Honor Gordon der Erste, der sie zum Gehen drängt; und das in ihrer umwerfendsten Art. Sie haben einen viel schärferen Blick, wenn es um die Angelegenheiten anderer Leute geht, als um Ihre eigenen.“

„Natürlich ist es nur für ein Jahr“, sagte Honor. „Ich werde innerhalb von zwölf Monaten wieder bei euch allen sein.“

„Ja, wenn Sie nicht verheiratet sind“, fügte der Pfarrer vorschnell hinzu.

„Es scheint in Hoyle der allgemeine Eindruck zu herrschen, dass nach Indien zu gehen bedeutet, zu heiraten“, sagte das Mädchen voller Feuer und sah ziemlich grimmig aus. „Bitte lassen Sie diese Idee für *mich* ganz beiseite .“

„Sehr gut, meine Liebe, das werde ich“, war die unerwartet sanfte Antwort.

Berührt von seiner Demut fuhr sie fort: „Dann meinst du wirklich, ich *sollte* gehen?“

„Mein gutes Kind, es kann keine zwei Meinungen geben. Jeder meint, du solltest gehen.“

.

„Außer Fee.“

„Fee hat kein Recht, dir im Weg zu stehen, und deine Abwesenheit wird eine ausgezeichnete Lektion für sie sein. Sie wird lernen, unabhängig und nützlich zu sein. Jetzt bin ich an der Reihe und muss dich verlassen. Gehen Sie direkt nach Hause und sagen Sie ihnen, dass Sie zum Aufbruch bereit sind und dass es umso besser ist, je früher Ihre Mutter von Ihrer Begleitung und Überfahrt erfährt.“

Und er drückte ihr die Hand und verließ sie. Honor ging im Schneckentempo nach Hause und dachte angestrengt nach. Wenn die Fee nur ihre Zustimmung geben würde, würde sie nicht länger gegen jedermanns Willen durchhalten. Sie würde gehen – ja, ohne weiteres Zögern. Schließlich war es nur für ein Jahr. Doch obwohl sie es nicht wusste, hatte Fairy bereits nachgegeben. Jessie und Mrs. Banks hatten in Honors Abwesenheit ernsthaft mit ihr gesprochen, und sie war überredet worden, auf die Stimme der Vernunft – und des Interesses – zu hören.

Wenn sie, wie sie es beabsichtigt hatte, nach Indien gegangen wäre, wäre sie von Honor getrennt worden, und zwar aus eigenem Antrieb.

Diese Tatsache, die Mrs. Banks ihr brüsk vor Augen geführt hatte, konnte sie nicht leugnen und saß stumm und mürrisch da.

„Onkel Pelham wird Honor bestimmt mögen", fügte Jessie hinzu, „und er wird wahrscheinlich etwas für uns alle tun, weil er denkt, dass wir *alle* genauso nett sind wie Honor, was nicht der Fall ist." In einem Jahr wird sie zu Hause sein und jede Woche wird sie einen Brief erhalten."

„Ja, und *Geschenke* ", warf Mrs. Banks bedeutungsvoll ein. „Sie wird viel Taschengeld haben und dir unzählige schöne Dinge nach Hause schicken können."

Die Fee schnüffelte und seufzte, tupfte sich mit ihrem Taschentuch die Augen und ließ sich schließlich überreden und überzeugen, und als ihre Schwester mit ziemlich ernstem Gesicht die Tür zum Wohnzimmer öffnete, lief sie zu ihr und legte ihre Arme um sie und sagte-

„Ehre, Liebling, ich habe versprochen, dich gehen zu lassen!"

Noch am selben Tag wurde der wichtige Brief an Shirani geschickt, und Fairy warf ihn tatsächlich eigenhändig in den Briefkasten, um zu zeigen, dass sie keine halben Sachen machte. Und im Laufe des Abends holte sie noch einmal die Schnittmusterbündel hervor und warf sich mit Herzblut in die Auswahl des Outfits ihrer Schwester.

KAPITEL VIII.
DANIEL POLLITT, ESQ. UND FAMILIE.

Die große Dinnerparty im 500, Princes Gate, war vorbei, der letzte Seidenzug war die Stufen hinuntergerauscht, der letzte Brougham war davongerollt, und ein etwas gelangweilt aussehender junger Mann gönnte sich eine Dehnung, ein ausgiebiges Gähnen und schlenderte Langsam ging es zurück in die Bibliothek, wo der Hausherr, ein stattlicher kleiner Mann von sechzig Jahren mit rosigen Wangen und lebhaften Augen, mit den Rockschößen unter den Armen vor dem leeren Kamin stand (es war Juni), beschäftigt einen Zahnstocher kauen. Seiner Umgebung nach zu urteilen, mag er zwar wohlhabend sein, aber sein Äußeres ist ihm gewiss nicht vornehm; Seine spärlichen Locken sind zu zwei scharfen Hörnern über seinen großen Ohren ausgekämmt. Trotz seines strahlenden Solitärgestüts und seines makellosen Klauenhammermantels ist er ein Plebejer; ja, von den Spitzen seiner Lackschuhe bis zum Scheitel seiner Glatze. Es ist schwer zu glauben, dass er der Onkel des aristokratischen jungen Mannes ist, der gerade eingetreten ist und sich in einen tiefen Sessel geworfen hat. Was die Franzosen „das Aussehen der Rasse" nennen, ist das Wichtigste, was einem an Mark Jervis auffällt. Erst später – möglicherweise einige Zeit später – wird Ihnen klar, dass er bemerkenswert gutaussehend und erheblich älter ist, als Sie ihn auf den ersten Blick vermuteten. Sein glattes Gesicht und seine sonnigen, haselnussbraunen Augen täuschen: Der junge Jervis ist über neunzehn, er ist fünf und zwanzig.

„Nun, Mark, das ist vorbei, Gott sei Dank", rief Mr. Pollitt. „Ich hasse diese großen Abendessen; aber deine Tante wird sie haben. Sie sagt, wir schulden ihnen etwas; Frauen sind bei der Bezahlung *solcher* Schulden nie zurückhaltend . Es war gut gemacht, hey? Dieser neue *Koch* ist ein Erfolg. Haben Sie den Perdreaux aux Chartreuse probiert – oder den Bouchée à la financière oder dieses kalte *Hauptgericht* ?"

„Nein, Onkel Dan", erstickte ein weiteres großes Gähnen.

„Ah, du schlauer Hund! Du warst zu sehr mit Lady Boadicea beschäftigt! Sie gilt als Schönheit – zumindest ihr Bild sorgte für großes Aufsehen. Was denken Sie? Wie wirkt sie auf *dich* ?"

„Für mich sieht sie aus wie eine Wachspuppe, die zu nahe ans Feuer gehalten wurde – und sie ist ungefähr genauso lebhaft."

„Nun, das kann man von dem amerikanischen Mädchen nicht sagen, Miss Clapper – sie hat einen Teint! – sie hat Lebhaftigkeit! – sie hat eine Wucht für Sie!"

„Ein echter Hingucker! Sie schob mir ihr Geld in so großen Mengen in den Hals, dass ich kaum etwas anderes schlucken konnte!"

„Warum zum Teufel hast du dann nicht etwas von *meinem* in ihrs gestopft, hey?" kichert. „Ich habe dich heute Nachmittag in Hurlingham gesehen."

„Haben Sie das, Sir? Ich hatte keine Ahnung, dass du da bist."

„Es war ein furchtbares Gedränge – kaum ein Stuhl war zu bekommen; Die Royals, ein schöner Tag und ein beliebtes Spiel, brachten sie. Ich nehme an, das war das neue Pony, das du ausprobiert hast, braun mit weißen Beinen. Wie gefällt er dir?"

„Er ist nicht geschickt und etwas langsam. Er ist nicht in der gleichen Klasse wie Pfeifenton oder der kastanienbraune Araber; Ich glaube nicht, dass wir ihn kaufen werden, Sir."

„Lord Greenleg war sehr gespannt darauf, was ich von ihm halte. Er will nur einhundertdreißig – hat mich gebeten, ihm sofort eine Antwort zu geben, da er einen anderen Kunden hatte, aber ich dachte, ich sollte lieber warten, bis ich Ihre Meinung gehört habe. Ist das Pony einhundertdreißig Guineen wert? Was sagen Sie?"

„Ich sage, schneiden Sie die erste Figur ab, und das ist ungefähr sein Wert", erwiderte sein Neffe kurz darauf.

Mr. Pollitt sah ausdruckslos aus. Er kaufte lieber Ponys von den Herren, selbst für hohe Beträge, aber hundert Guineen zu viel waren eine hohe Summe. Er wusste, dass er sich auf die Meinung des jungen Burschen verlassen konnte, denn so faul er auch wirkte, er saß in einem Sessel, konnte sich aber sowohl ein Pferd kaufen als auch reiten – was nicht immer der Fall ist. Der träge aussehende junge Mann war ein harter Gegner und ein erfahrener Polospieler.

„Dann wird uns das Braun wohl nichts ausmachen, nicht wahr, Mark?" sagte sein Onkel ziemlich traurig. „Schließlich ist es spät in der Saison und seine Lordschaft hat ein weiteres Angebot."

" *Hat* er!" ausdrücklich. „Oh, dann ist das in Ordnung."

„Deine Mannschaft hat heute gut gespielt, mein Junge!"

„Und wurden deutlich geschlagen – zwei zu vier Tore. Johnny Brind ist als Verteidiger nicht gut. Er sitzt zusammengekrümmt wie eine wütende Katze im Sattel und lässt den Ball zwischen den Vorderbeinen seines Ponys – und seiner Sprache – herausrollen!"

„Das kam mir nicht in die Ohren. Ich habe gesehen, wie Sie mit Lord Robert Tedcastle gesprochen haben. Du warst mit ihm in Eton – du könntest ihn eines Sonntags zum Mittagessen nach Hause bringen; Und dieser italienische Prinz, bist du ihm begegnet?" besorgt.

"NEIN; Ich sehe ihn nicht."

„Mir ist aufgefallen, dass du ein langes Gespräch mit diesem jungen Torrens geführt hast. worüber redete er? Er nickte mit dem Kopf und wedelte mit den Händen wie ein billiges Spielzeug."

„Er erzählte mir von seinen Plänen. Er und sein Bruder fliegen nächste Woche nach Amerika, weiter geht es nach Japan, Australien und Indien. Ich sage, Onkel Dan", sitze plötzlich aufrecht, „ich wünschte, du würdest *mich* ein paar Jahre reisen und die Welt sehen lassen."

Fast eine Minute lang herrschte Stille, und dann brach Mr. Pollitt aus:

„Das ist ein Zeug, das dir der junge Arsch Torrens in den Kopf gesetzt hat. Um die Welt zu sehen! Welche Welt? Man sieht es zu Hause. England ist die Welt. Hier gibt es von allem das Beste – die schönsten Frauen, die schönsten Pferde, das beste Essen und Trinken, das beste …" Er machte eine Pause, und sein Neffe, der sein Bein pflegte, schlug höflich „Klima" vor.

„Das Klima wird aufgehängt! beste Gesellschaft", heulte Herr Pollitt. „Tatsache ist, dass ihr jungen Burschen nicht wisst, wann es euch gut geht. Reisen – die Welt sehen – Kegeln!"

„Ich weiß, dass es mir außerordentlich gut geht, dank dir, Onkel Dan", erwiderte sein Neffe leise. „Ich habe tolle Poloponys, ein erstklassiges Jägergestüt, ein prächtiges Taschengeld – aber ein Kerl kann nicht sein ganzes Leben lang Polo spielen, jagen und auf Bälle und ins Theater gehen; Zumindest ist das nicht *meine* Vorstellung vom Leben. Ich habe nichts zu tun, keinen Beruf, wissen Sie; Sie würden nichts davon hören, dass ich in den Dienst trete.

„Nein – ich hasse die Armee – welche Aussicht bietet sie den jungen Idioten, die schuften, um hineinzukommen – als Vagabunden zu leben und als Bettler zu sterben!"

„Da war das diplomatische Korps; aber dafür habe ich nicht den nötigen Verstand."

„Bosh! Du willst keinen Beruf, der anderen Leuten das Brot aus dem Mund nimmt. Du bist mein Erbe – *das ist* dein Beruf. Was den Intellekt betrifft, so gibt es heutzutage viel zu viel Intellekt; Die Welt wäre viel einfacher zu regieren, wenn es weniger gäbe! Du hast genug Verstand, mein Junge, du hast in Oxford sehr gut abgeschnitten."

„Ich weiß, dass ich großes Glück habe", wiederholte der junge Mann, „und dass Tausende von Menschen alles dafür geben würden, in meine Fußstapfen zu treten."

„Clarence zum Beispiel", unterbrach sein Onkel mit einem lauten Lachen.

„Aber ich habe die ewigen Laufbandrunden der Londoner Saison satt – Ascot, Goodwood, Cowes, Schottland. Dann zurück nach London und wir beginnen das ganze Geschäft von vorne. Wir sehen die gleichen Leute und tun die gleichen Dinge."

„Wie alt bist du, Mark?" unterbrach Mr. Pollitt aufgeregt.

„Fünf und zwanzig."

„Man könnte meinen, du wärst fünfundachtzig! Aber es ist der letzte Schrei, gelangweilt und *gleichgültig zu sein* und zu verkünden, dass das Leben nicht lebenswert ist. Du bist voll im Trend , mein Junge! Tatsache ist, dass Sie zu wohlhabend sind. Ein wirklich harter Schlag, der bis auf die Knochen schneidet, würde dir keinen Schaden zufügen."

"Vielleicht. Im Grunde glaube ich, dass ich der Sohn eines armen Mannes sein sollte und mich durcharbeiten musste. Ich habe das Gefühl, dass ich es schaffen könnte. Es hätte mir nichts ausgemacht, Soldat, Seemann, Entdecker oder sogar Viehreiter zu sein."

„Tatsächlich, um es auf den Punkt zu bringen, alles andere als das, was du *bist* ."

„Nun, Onkel Dan, du hast dich Schritt für Schritt an die Spitze gekämpft, deine Sporen gewonnen und den Kampf genossen. Ich würde gerne eine Waffe nehmen und in den Kampf eingreifen." Hier stand er plötzlich auf, ging zu seinem Onkel und sagte ihm liebevoll die Hand auf die Schulter: „Ich möchte etwas tun, um dich" – mit einem nervösen Lachen – „stolz auf mich" zu machen. und als er in das kluge kleine Gesicht seines Onkels blickte, leuchteten seine Augen vor unterdrückter Erregung.

„Ich bin stolz genug. Sie sind mein eigenes Fleisch und Blut – ein gutaussehender Kerl, ein großartiger Reiter und ein Gentleman; ein bisschen zu gern mit deinen ekligen, schmutzigen Ölfarben herumexperimentiert, ein bisschen verträumt und weltfremd, aber – –"

Zu diesem Zeitpunkt wurde die Tür sanft aufgestoßen, und eine lange, hakenförmige Nase kam langsam in den Raum, gefolgt von einer großen, dünnen, älteren Dame, gekleidet in ein eng anliegendes, nebelfarbenes

Gewand und funkelnd mit Diamanten. Eine blasse, unzufrieden aussehende Person, die trotz ihres zerzausten Ponys eine vornehme Ausstrahlung hatte.

„Ihr seid also *beide* hier!" sie murmelte süß.

„Ja", stimmte Herr Pollitt zu; „Und hier ist Mark", winkte ihm mit einer kurzen, eckigen Hand entgegen. „Was ist deiner Meinung nach sein letzter Wahnsinn, Selina? Er möchte ein paar Jahre reisen, um die Welt zu sehen. Genau wie der Held eines Märchens."

Mark beeilte sich, einen Stuhl für seine Tante aufzustellen, in den sie sich sanft sinken ließ, während sie seinen Blick fest auf seinen richtete und ihren Blick allmählich zu einem katzenartigen Glitzern verengte.

„Wissen Sie, dass mir die Idee eher *gefällt*!" bemerkte sie nach einem kurzen Schweigen. „Ich finde es schockierend, wenn ein junger Mann sein Leben damit verschwendet, in Clubs herumzulungern, zu klatschen und zu spielen oder ein Spiel auf dem Rücken eines Ponys zu spielen. Reisen verbessert den Geist und erweitert die Ideen." Als sie hier Mr. Pollitts wütendes, verächtliches Gesicht erblickte, verlor sie keine Zeit und fügte hinzu: „Wissen Sie, Reisen ist in Mode, nur die zweitklassigen Leute und Niemande bleiben zu Hause. Lady Grace und Lord Kenneth reisen bei diesem kalten Wetter nach Indien, ebenso der Herzog von Saltminster, der Marquis und die Marquiseurin von Tordale und eine Menge anderer kluger Leute."

Kluge Menschen waren für Mr. Pollitt, wie seine schlaue Frau wusste, das Salz der Erde; und sein Gesichtsausdruck veränderte sich von unterdrückter Wut zu ernster Aufmerksamkeit.

"Indien! Vielleicht würde es mir nicht so viel ausmachen", gab er nach einer Pause zu. „Der Junge wurde dort geboren und konnte seinen Vater aufsuchen. Ja, und er könnte ein bisschen schießen und ein paar Tiger und nette Bekannte und Gefährten mitnehmen."

„Oh, aber natürlich konnte Mark nicht alleine reisen, mein Lieber. Er muss ein angenehmes und erfahrenes …"

„Bärenführer oder Hüter; oder was würden Sie einer Begleitperson sagen?" brach ihren Mann ein.

"Mein Liebster!" sie protestierte ernst. „Sie wissen ganz genau, dass es für den armen Jungen furchtbar langweilig wäre, wenn er durch das Land streift, ohne dass ihm jemand Gesellschaft leistet und nicht weiß, wohin er gehen oder was er sagen soll. Jetzt Clarence", und sie zögerte.

„Ja – jetzt Clarence. Was jetzt?" scharf.

„Clarence", sagte er sehr deutlich, „war acht Jahre lang in Indien stationiert. Er ist ein erfahrener Anglo-Inder, hat Hunderte von Freunden, spricht fließend Hindi und konnte es kaum erwarten, mit einheimischen *Prinzen zu schießen und sie vorzustellen* " (große Betonung auf Prinzen). „Er wäre ein großartiger Ratgeber für Mark."

„Umph!" mit einem kurzen Lachen. „Da bin ich mir nicht so sicher, Mrs. Pollitt."

„Oh, mein lieber Dan, er ist jetzt völlig stabil. Nun, er ist fünfunddreißig und hat seinen wilden Hafer gesät. Ich glaube nie ganz an diese wunderbar guten jungen Männer", und sie warf Mark einen schnellen Blick zu. „Außer Mark natürlich, und er hätte Pfarrer werden sollen, und", mit einem kleinen spöttischen Lächeln, „könnte er doch noch Missionar werden."

„Aber Indien ist für Clarence kein Neuland", protestierte Herr Pollitt; „Und allen Berichten zufolge war es ihm zu heiß, um ihn zu halten. Mark kann sich leicht einer Gruppe von Freunden anschließen und die Tour mit ihnen unternehmen. Sie sagen, dass die Rothmores –"

„Oh ja", ungeduldig; „Und sie haben ihre Vorkehrungen schon vor Monaten getroffen. Mark kann sich nicht an Menschen klammern, wie Sie es ausdrücken; es würde überhaupt nicht gehen. Im Gegenteil, er muss jemanden haben, der *ihm angeheftet ist* . Die Reise wird sowohl für meinen Bruder als auch für Ihren Neffen eine Wohltat sein. Der arme Clarence liebt Indien. Es geht ihm schrecklich schlecht; „Er wäre ein idealer Begleiter für Mark", wandte er sich an ihn. „Was sagst du, Mark? Antworten Sie uns ganz offen."

Und was konnte Mark unter diesen Umständen anderes sagen als: „Ja; oh, sicherlich. Clarence ist ein guter Kerl.

„Und auf jeden Fall kann *er* von zu Hause verschont bleiben", fügte Mr. Pollitt trocken hinzu.

„Dann wirst du Marks Bitte zustimmen, Liebling?" sagte seine Frau, stand auf und tippte ihn spielerisch mit ihrem großen Federfächer an. „Denken Sie an alles, was er Ihnen zu sagen haben wird, und an all die schönen Dinge, die er uns bringen wird."

„Solange er keine *Frau mitbringt* !" knurrte der alte Herr. „Na ja, na ja, es kommt nicht oft vor, dass Sie und Mark in einer Debatte auf derselben Seite stehen oder dass Sie die Resolution unterstützen. Wenn du dich kombinierst, bist du zu stark für mich. Ich werde darüber nachdenken."

Frau Pollitt warf ihrem angeheirateten Neffen einen kurzen, bedeutungsvollen Blick zu, denn diese Rede zeigte deutlich, dass der Gesetzentwurf, der dem Oberhaupt des Hauses vorgelegt worden war,

verabschiedet worden war und dass es nun nur noch darum ging, sich mit
einem Ausschuss über Mittel und Wege zu befassen.

KAPITEL IX.
REISEERLAUBNIS.

Mark Jervis war angenehm überrascht von der enthusiastischen Kooperation seiner Tante; Dank ihrer mächtigen Allianz hatte er seinen Standpunkt durchgesetzt und sollte zwölf Monate lang in Indien reisen, begleitet von Mrs. Pollitts Bruder, Kapitän Clarence Waring. Letzterer war im Begriff, seine früheren Lieblingsorte in einer völlig neuen Rolle wieder aufzunehmen – als Mentor und Begleiter eines jungen Mannes – und darüber hinaus eines wohlhabenden jungen Mannes. Die ganze Welt hat von „Pollitt's Pearl Barley" und „Pollitt's Patent Fowls' Food" gehört. Werden seine Verdienste nicht in brennenden Buchstaben auf Bahnhöfen und auf Feldern an den schaukelnden Schnellzügen prangt, die durch das Land donnern? Begrüßt der Name „Pollitt" nicht die traurigen Augen von seekranken Reisenden, wenn sie die Leitern der Ozeanwindhunde hinunterstolpern? Kurz gesagt, das Unternehmen von Daniel Pollitt und der Ruhm von Pollitts Perlgerste sind von allgemeiner Bedeutung.

Obwohl er nie damit geprahlt oder seinen Vertrauten versichert hat, dass „er sein Leben mit dem traditionellen Sixpence begonnen hat", ist Herr Pollitt ein Selfmademan. Er spricht freimütig von den Verwandten seiner Frau und vom berühmten Stammbaum seines Neffen, aber er hat kein einziges Mal auch nur im Entferntesten auf seinen eigenen kleinen Stammbaum angespielt. Dennoch muss er sich für nichts schämen. Sein Vater war ein gebürtiger Gentleman, ein armer Pfarrer, der zwei fast mittellose Waisenkinder hinterlassen hatte, Dan und eine Schwester, die mehrere Jahre jünger war als er. Ersterer war noch in seinen frühen Teenagerjahren auf einen Hocker in einem Büro in der Stadt geklettert und von dort aus (ungewöhnliche Flucht) zu Erfolg und Reichtum aufgestiegen. Dank unbezwingbarem Fleiß, Klugheit und Tapferkeit war er nun ein kreditwürdiger und angesehener Kaufmann. Letztere, ein bemerkenswert hübsches und gebildetes Mädchen, begleitete eine Dame als Gouvernante nach Indien und heiratete in erstaunlich kurzer Zeit Kapitän Jervis von der bengalischen Kavallerie, einen gutaussehenden, beliebten Offizier ein langer Stammbaum und ein etwas schmaleres Portemonnaie. Allem Anschein nach war die Ehe eine glückliche. Nach sechs Jahren starb Frau Jervis und ihr einziges Kind, ein fünfjähriger Junge, wurde in England zur Schule geschickt. Fünf Jahre später folgte ihm sein Vater, der auf dreimonatigem Urlaub nach Hause eilte, um den kleinen Mark sowie seinen Schneider und seinen Zahnarzt zu besuchen. Major Jervis, ein braungebrannter, gutaussehender und angesehener Soldat, machte einen hervorragenden Eindruck auf den mühsamen Stadtmenschen – seinen Schwager, der ihn herzlich einlud, bei ihm in Norwood zu übernachten, wo er ein luxuriöses Junggesellenhaus hatte. Und hier, bei tadellosem Rotwein und Zigarren, entfaltete der indische Offizier seine Pläne.

Der kleine Mark stand kurz davor, eine Stiefmutter zu bekommen, die Dame war eine Miss Cardozo, portugiesischer Abstammung, dunkelhäutig, gutaussehend, nicht sehr jung, aber enorm reich und ziemlich verliebt in den Papa des kleinen Mark. Ihr Großvater war ein militärischer Abenteurer gewesen, dessen Schwert und Prahlerei ihm das Herz und die Schätze eines Begum eingebracht hatten. Miss Cardozos Vater war ein Indigo-Pflanzer, in jenen guten alten Zeiten, als der Indigo-Anbau Unmengen von Rupien einbrachte, und sie war seine Alleinerbin und eine Waise. Neben dem Reichtum und den Juwelen der Begum besaß sie Grundstücke im Doon, Grundstücke in den Hügeln, Grundstücke in Tirhoot, Anteile an Banken und Eisenbahnen sowie große Investitionen in die Fonds.

Mr. Pollitts schlaue kleine Augen glitzerten zustimmend, als er diese Einzelheiten aufnahm.

„Kündigen Sie den Dienst, bringen Sie sie nach England und nehmen Sie ein schönes Landquartier ein", war sein prompter Vorschlag.

„Nein, nein, sie hasst England; Sie war hier in der Schule. Sie fürchtet unsere Winter, Regen und Nebel", antwortete Major Jervis. „Und es gefällt ihr, dass ich im Dienst bin. Ich kann Ihnen sagen, dass unsere Männer und Pferde sehenswert sind! Mércèdes – so heißt sie – liebt Prunk, Prunk und Glanz und ist Indien sehr verbunden; Und um ehrlich zu sein, Pollitt, habe ich auch eine Vorliebe für das Land. Ich bin seit meinem 18. Lebensjahr zweiundzwanzig Jahre dort draußen, mit nur zwei kurzen Urlauben, und es ist ein Land, das mir bis ins kleinste Detail gefällt. Alle meine nahen Verwandten in England sind tot, ich habe keine Bindungen hierher, alle meine Freunde und Interessen sind da draußen, und es macht mir nichts aus, wenn ich meine Tage im Osten beende."

„Und was ist mit Mark?" fragte sein Zuhörer.

„Ja, das ist die Frage", sagte sein Vater. „Es ist hart für den Jungen, kein Zuhause bei mir zu haben – aber später soll er in den Dienst gehen und zu uns herauskommen. Ich weiß, Sie waren wunderbar freundlich zu ihm, als Sie ihn in den Ferien hier hatten, und er hat Sie sehr gern, wie er sein sollte. Ich habe ziemliche Schuldgefühle ihm gegenüber, der arme Kerl; Er ist zehn Jahre alt und ich habe die halbe Zeit nichts von ihm gesehen, und jetzt weiß Gott, wie oder wo wir uns wiedersehen können. Natürlich darf für seine Ausbildung und all das kein Geld gespart werden – aber –" er hielt inne.

„Aber *ich sage* Ihnen, was Sie tun werden", fuhr Herr Pollitt fort. „Ich werde das Ganze auf den Punkt bringen. Du machst einen Neuanfang, du und der Junge seid euch fast fremd, also werdet ihr die Belastung nicht spüren. Gib ihn *mir* , ich liebe ihn, ich habe keine Familie – er ist ein hübscher, mutiger kleiner Kerl mit den Augen der armen Lucy – ich werde ihm eine erstklassige Ausbildung ermöglichen, ihn zu meinem Sohn erziehen und ihn zu einem machen mein Erbe, und hinterlasse ihm alles, was ich wert bin; Komm jetzt?"

„Es ist ein großartiges Angebot, Pollitt, aber *ich* mag ihn auch. Ich kann nicht wie Sie für ihn sorgen, ich kann ihn nur mit einem Beruf auf die Welt bringen und ihm eine kleine Zulage geben, denn natürlich wird Mércèdes' Geld von ihr selbst getragen. Wenn ich ihn dir überlassen würde, könnte ich in den kommenden Jahren Buße tun und ihn vielleicht zurückhaben wollen."

„In den kommenden Jahren werden Sie wahrscheinlich ein halbes Dutzend weitere Söhne haben und dankbar sein, einen davon von Ihren Händen zu haben."

Nach ausführlicher Diskussion – Jervis, der Vater, etwas zurückhaltend; Pollitt, der Onkel, überaus eifrig und drängend – die Sache war erledigt. Mark sollte so regelmäßig mit seinen Eltern korrespondieren, wie er wollte, aber er sollte in jeder Hinsicht der Sohn seines Onkels Daniel sein.

Major Jervis hat das Beste aus seinen fünf Wochen in England gemacht. Er investierte in eine neue und wunderschöne Uniform, eine neue Waffenbatterie, Sattlerwaren, Geschenke für indische Freunde und seine *Verlobte* und sah so viel wie möglich von Mark. Je besser sich die beiden kannten, desto mehr mochten sie sich. Sie gingen zum Tower, zu Madame Tussauds, in den Zoo und in die Theater. Mark begleitete seine Eltern ausnahmslos zu Schneidern, Schuhmachern und Büchsenmachern und wurde später in der Schule zu einer Autorität in diesen Angelegenheiten. Sein soldatenhafter, freizügiger Vater, der ihn mit Geschenken überhäufte, der ihm Geschichten über die bewegenden Taten seiner Vorfahren, von seinen eigenen dunkelhäutigen Sowars, von Tigerjagden und Elefantentrieben erzählte, wurde schnell zu seinem Helden und Idol.

Als Mark über seine eigene Berufswahl befragt wurde, verkündete er, nachdem er lange darüber nachgedacht hatte, seinem Vater und seinem Onkel mit ernster Stimme, „dass er es vorziehen würde, Junggeselle zu werden."

„Und keineswegs eine schlechte Wahl", brüllte Herr Pollitt voller Freude. „Bleib dabei, mein Junge, bleib dabei, kopiere deinen alten Onkel."

„Ich glaube nicht, dass er das tun wird", bemerkte Major Jervis entschieden; „Er wird nach mir kommen. Wir sind eine empfängliche Rasse, wir Jervis, und ich gebe ihm Zeit, bis er zweiundzwanzig ist."

Der Tag des Abschieds war für Vater und Sohn ein trauriger. Das Kind kämpfte verzweifelt darum, ein Mann zu sein, keine Tränen zu vergießen und sich wunderbar zu benehmen, zumindest in der Öffentlichkeit, aber nachdem das Taxi losgefahren war, eilte es davon, schloss sich in seinem eigenen kleinen Schlafzimmer ein und warf sich darauf Er fiel zu Boden und überließ sich der bittersten Trauer, die er je erlebt hatte, und er war zehn Jahre alt.

Einige Jahre nach dieser Szene heiratete Herr Pollitt zu jedermanns Überraschung eine verblasste, elegant aussehende Frau aus gutem Hause, aber ohne Anteile. Er kaufte ein Haus in Princes Gate, mietete ein Moorhuhn, einen Hirschwald und eine Jagdhütte und investierte in einige berühmte Diamanten. Er hatte inzwischen ein großes Vermögen angehäuft und zog sich im Alter von fünfundfünfzig Jahren aus dem Geschäft zurück, um es auszugeben. Aber hier ergab sich eine unerwartete Schwierigkeit: Er wusste nicht, wie er sich am Ergebnis seiner Arbeit erfreuen sollte, außer durch einen Stellvertreter. Er blickte zu seinem hübschen, wohlgeborenen Neffen auf, der seine Tausender manipulierte, so wie ein Kind einen erfahrenen Freund bittet, ein neues mechanisches Spielzeug zu bearbeiten. Seine gesamte Jugend hatte er in großen städtischen Lagerhäusern, auf Kais und in Büros verbracht. Er war noch nie mitgefahren, außer auf dem Dach eines Omnibusses, er konnte nicht fahren, schießen, rudern oder angeln, und leider! Jetzt war es zu spät, es zu lernen. Mit überraschendem Enthusiasmus widmete er sich jedoch dem Feldsport in der Rolle eines Zuschauers. Er ging mit den Waffen durch seine Moore und war sehr aufgeregt, als er die Tasche respektierte. Er gab den Jägern seines Neffen hohe Preise aus und nahm an jedem Treffen (auf Rädern) teil, bei dem die Aussicht bestand, ihre Leistung zu sehen, der Linie zu folgen und die Hunde durch Abkürzungen und Brillen so weit wie möglich im Blick zu behalten .

Er war ein wirklich stolzer Mann, als er den Namen seines Neffen als bester Fahrer in einem sensationellen Lauf auf dem *Feld sah*. Das Schlimmste daran war, dass Mark jede Art von Berühmtheit hasste und sich zurückhielt, wo er nach vorne hätte treten sollen, und nach vorne trat, als er hätte zurückbleiben sollen; hatte eigentlich keine Lust, ein Theater zu pachten, Rennpferde zu halten oder gar zu spielen; Kurz gesagt, er hatte keinen einzigen extravaganten Geschmack. (Hier handelte es sich in der Tat um einen ganz besonderen Fall. Wie viele Väter gibt es heutzutage, die sich verletzt und enttäuscht fühlen, weil ihre Söhne nicht bereit sind, Tausende auszugeben?) Andererseits war Frau Pollitt nur allzu bereit, ihrem Partner zu helfen bei der Bereitstellung großer Summen. Sie hatte viele bedürftige Kontakte und hoffte, Großes für sie tun zu können; Zu ihrem großen Bedauern stellte sie jedoch fest, dass ihr die persönliche Verwendung des Vermögens ihres Mannes verwehrt blieb. Sie hatte eine großzügige Kleiderzulage, Diamanten ersten Ranges, Equipagen, ein feines Etablissement, ein französisches Dienstmädchen; Aber sie durfte nicht in die Handtasche ihres Herrn und Herrn greifen und ihre armen Verwandten großzügig beschenken, und – was ein wirklich schwieriger Fall war – sie würde vielleicht nicht einmal versuchen, ein Bündnis zwischen Mark und einer ihrer Nichten zu arrangieren. Nein, Herr Pollitt war entschlossen, dass sein Erbe den *Rang heiraten sollte* . Es muss „Mr. und Lady Somebody Jervis", und mit Marks gutem Aussehen, Geld und Geburt würde es in dieser kleinen Angelegenheit keine Schwierigkeiten geben. Dann muss Mark ins Parlament gehen, sich als Großgrundbesitzer niederlassen und es mit den Besten aufmischen. So wurde seine Zukunft von seinem Onkel entworfen, der die Skizze klugerweise für sich behielt.

Mrs. Pollitt war überrascht, ihren lieben Daniel in einigen Kleinigkeiten so hartnäckig und undurchführbar zu finden. Sie hatte zum Beispiel beschlossen, die Schreibweise seines Namens zu ändern, und war sogar so weit gegangen, ihre eigenen Karten drucken zu lassen: „Mrs. D. Murray-Paulet, 500, Princes Gate."

„Was für ein Glück, dass Daniel einen zweiten Namen hat!" sagte sie sich, als sie einige Tage nach ihrer Heirat selbstgefällig ihren neuen Titel prüfte. Sie stolperte durch den Raum und hielt spielerisch eine Karte vor die Brille des Bräutigams, und der lästige Mann hatte ausgerufen:

"Wer ist sie? Ich kann Besucher nicht ertragen. Hier, lass mich zuerst raus, wenn sie hochkommt –"

„Der neue Kartentrick", wie er es später nannte, war ihre erste Kraftprobe gewesen, und die Braut war unter Tränen erlegen.

„Ändere seinen Namen!" er hatte gebrüllt – „seinen Namen, den er gemacht hatte!" Niemals! Er war stolz darauf. Es war die Frau, die bei der Heirat ihren Namen änderte, nicht der Ehemann. War ihr das bewusst?"

Ein weiteres Thema, bei dem sie nachgeben musste, waren die Haushaltsrechnungen; Sie gingen alle durch Mr. Pollitts Hände, der sie per Scheck beglich, es gab also keine Pfändungen.

Frau Pollitt hatte ihre eigenen Pläne; Sie konnte ihren Verwandten nicht viel tatkräftige Hilfe leisten, tat aber, was sie konnte. An ihre Schwester und Nichten verteilte sie kaum getragene Kleider und Mäntel; Sie schenkte ihnen Fahrten, Logen im Theater, Eintrittskarten und ständige Einladungen zum Abendessen, Mittagessen und zu all ihren Partys; an ihren Bruder Clarence so viele Summen, wie sie von ihrem Steckgeld entbehren konnte. Clarence war zehn Jahre jünger als sie, schwul, *elegant* und gutaussehend. Er hatte ein Paar hübsche, unverschämte blaue Augen, einen gepflegten Schnurrbart, eine bewundernswerte Figur und ein eher überhebliches Auftreten. Er war ein vollkommener Weltmann, der viele finanzielle Probleme hatte, keine festen Prinzipien und nur wenige Skrupel hatte. Dennoch war er angenehm und keineswegs unbeliebt.

Kapitän Waring hatte jeden Penny ausgegeben, den er besaß (und viele Pennys, die anderen Leuten gehörten); und als sein Regiment aus Indien heimkam, musste er sich aus dem Dienst zurückziehen und lebte seitdem von seinen Freunden und seinem Verstand. Diese Indienreise würde für ihn eine große Sache sein, wenn alle Kosten bezahlt würden; und wenn er und Mark ein Jahr weg blieben, könnten einige der anderen Verbindungen am Princes Gate Fuß fassen. Der Aphorismus „Abwesenheit lässt das Herz höher schlagen" gilt nicht für Onkel und Neffen.

Wenn Mark *nie* zurückkehren würde, würde es seiner Tante nicht das Herz brechen. Wenn er nicht der Liebling ihres Mannes gewesen wäre, hätte sie ihn vielleicht gemocht. Er war überaus vorzeigbar; sie stellte ihn gern in ihrer Kutsche oder Opernloge zur Schau (eine Befriedigung, die sie selten genoss). Er war immer höflich, immer auf ihr Wohlergehen bedacht, immer respektvoll, obwohl er sich bei ein oder zwei kritischen Gelegenheiten mit einer energischen Antwort bereit gezeigt hatte; Aber er verstand die Kunst, Schmeicheleien zu spenden, nicht, und sie genoss sie in großen Dosen. Hier war Clarence der Oberbefehlshaber; *Er hatte* ihr feierlich versichert, dass sie eine verblüffende Ähnlichkeit mit Sara Bernhardt hatte. Ja, goldene Stimme und alles; Und die arme, verblendete Dame glaubte ihm, kleidete sich in anschmiegsame Vorhänge und kämmte ihre Fransen weit über ihre Brauen, um ihre unbestreitbare Ähnlichkeit mit der großen Schauspielerin zu betonen. Als sie einmal Mr. Pollitt zu diesem Thema befragte, hatte er so schallend gelacht – so wie ein Ehemann –, dass ein Schlaganfall unmittelbar bevorzustehen schien.

Kapitän Waring begrüßte diesen indischen Plan mit größter Begeisterung und unterstützte das Projekt natürlich nachdrücklich. *Tête-à-tête* sagte er: „Das ist eine erstklassige Idee von Mark. Der Onkel hält ihn viel zu fest in der Hand. Kein Wunder, dass er sich losreißen, die Welt sehen und sein eigenes Leben leben möchte, armer Teufel!"

"Was für ein Unsinn!" protestierte Frau Pollitt gereizt. „Er hat viel Freiheit und einen Schlüssel."

„Und weiß nicht, wie man das eine oder andere benutzt. Außerdem ist das stolze Auge des Onkels immer auf ihn gerichtet; Er folgt ihm wie ein Hund – schlimmer noch, denn Hunde haben in Clubs keinen Zutritt! Allerdings wird dieser zwölfmonatige Urlaub in einem fernen Land eine äußerst gesegnete Erleichterung für den Jungen und ein erstklassiges Geschäft für mich sein. Ich bin in den letzten Zügen; und wenn dies nicht aufgetaucht wäre, hätte ich mich mit Miss Clodde stark machen müssen. Sie sieht gewöhnlich und abstoßend aus, wiegt aber dreißigtausend Pfund. Ich hoffe, dass ich nie so *verzweifelt sein werde* , sie zu heiraten – auf jeden Fall habe ich ein Jahr Pause."

„Woher weißt du, dass sie dich haben würde, Clar?"

Clars Lachen war eine interessante Studie männlicher Selbstsicherheit.

„Ich wünschte wirklich, du *wärst* verheiratet", fuhr seine Schwester ziemlich verdrießlich fort.

"Ja; an eine reiche ältere Witwe, die eine Affäre hatte – das ist mein Stil."

„Was für eine schreckliche Art zu reden! Du bist wirklich zu schrecklich. Ich nehme an, dass diese Reise ziemlich kostspielig sein wird?"

"Eher *!* " mit Nachdruck.

„Und Sie werden der Schatzmeister sein?" öffnete ihre blassen Augen weitestgehend.

„Da bin ich mir nicht so sicher", schüttelte er den Kopf. „Da ich der Manager bin und diese Tour persönlich leite, sollten natürlich alle Zahlungen von *mir erfolgen* . „Der Onkel" scheut sich jedoch, Geldgeschäfte mit seinem Schwager zu tätigen, wie Sie aus trauriger Erfahrung wissen. Sobald wir jedoch in Indien sind, schaffe ich es vielleicht, daran zu arbeiten, und Sie können sich darauf verlassen, dass ich das Beste aus meiner Zeit und meinen Möglichkeiten mache. Mir ging es so schlecht, dass ich darüber nachdachte, ein Beispiel aus Charlie Wildes Buch zu nehmen. Er schreibt Hymnen und Traktate –"

„Wie absurd du bist! Was für ein absurder Unsinn! Charlie Wilde, der seit Jahren kein Gotteshaus mehr betreten hat, schreibt Traktate!"

„Ich sage dir, dass er es tut!" beharrte Clarence. „Er hat ein wunderbares Händchen und beherrscht den erbärmlichen und emotionalen Stil 1A. Bekommt etwa zehn Pfund pro Person und investiert das Geld in ein Flattern auf dem Rasen."

„Nun, Clar", sagte seine zutiefst schockierte Schwester, „ich kann dir kein Kompliment für deine Begleiter machen; und was auch immer Sie erreichen mögen, ich hoffe, dass Sie nie zu solch einer Schlechtigkeit gelangen werden."

In einem Punkt waren sich Captain Waring und Mr. Pollitt sehr einig, nämlich: dass „die Reise, wenn überhaupt, in gutem Stil durchgeführt werden muss."

Mark neigte dazu, „billig" zu reisen, hatte sich sein Onkel beschwert und gegen eine große Menge Gepäck, eine Batterie Waffen und einen Diener protestiert.

„Dreißig Paar Stiefel!" er weinte. "Was für Abfall! Ich werde nicht durch Indien *laufen !*"

„Aber Clarence sagt, dass man mit weniger nicht auskommt, und er muss es besser wissen als Sie", argumentierte Herr Pollitt. „Ich wünsche Ihnen, dass Sie wie ein Gentleman reisen, nicht wie ein Gepäckträger. Da enttäuschst du mich, mein Junge – du gibst keine Show, keine Hemmungen; Sie haben eine Vorliebe für Ruhe – Ihr Lieblingscharakter ist das Veilchen und Sie bevorzugen einen Rücksitz. Sie fahren im selben Dampfer mit vielen Nobs aus – dafür habe ich gesorgt – und es ist höchstwahrscheinlich, dass Sie sich bei der Landung zusammentun. Diese Schwellungen nehmen dich an. Was mich betrifft, gehen sie nur zu meinen Abendessen und in meinen Hirschwald. Aber solange *du* in der besten Gruppe bist, ist mir das egal – ich bin zufrieden."

„Ich denke, Clarence und ich werden unter uns bleiben und keiner Partei beitreten, Sir; wir werden unabhängiger sein. Er hat unseren Takt skizziert – Bombay, Poonah, Secunderabad, Travancore, Madras, Ceylon, Kalkutta, die Hügel; Und das bringt mich dazu, zu fragen, ob Sie eine Ahnung vom Aufenthaltsort meines Vaters haben?"

„Bostock und Bell, Bombay, sind seine Agenten", weicht er der Frage und den Augen seines Neffen aus.

"Ich weiß, dass; Ich habe ihnen in den letzten sechs Jahren regelmäßig geschrieben."

„Und nie eine Antwort bekommen?" mit kaum verhohlener Zufriedenheit.

„Nein, außer einem ‚Pioneer' in großen, langen Abständen."

„Nur um zu zeigen, dass er lebt? Mal sehen, es ist acht Jahre her, seit er den Dienst verließ und an einen Ort namens Doon zog. Bis dahin schrieb er ziemlich regelmäßig; und als Mrs. Jervis bei diesem Kutschenunglück ums Leben kam, schickte er nie eine Nachricht, sondern nur eine Zeitung. Arme Frau! Ich glaube, sie hat ein teuflisches Leben für ihn geführt. Sie war wahnsinnig eifersüchtig."

„Ich nehme an, ich kann seine Adresse in Bombay herausfinden – seine echte Adresse, meine ich?"

„Ja, das glaube ich.“

„Und dann werde ich ihn aufsuchen – sofort.“

„Wenn er gesucht wird. Die Jervises sind eine exzentrische Familie. Ich habe vor nicht allzu langer Zeit einige seltsame Geschichten über sie gehört.“

„Aber mein Vater kam Ihnen nie exzentrisch vor, oder?“

"NEIN. Und natürlich müssen Sie versuchen, ihn zu sehen; aber lass nicht zu, dass er dich angreift und dich *behält* , mein Junge. Er war ein gutaussehender, überzeugender Typ und hatte einen wunderbaren persönlichen Charme – wenn er sich entschied, ihn einzusetzen. Indien hat ihn verzaubert und ihn für den größten Teil seines Lebens bei sich behalten. Lassen Sie Indien nicht dasselbe tun . “

„Keine Angst davor“, mit Nachdruck.

„Nun, es tut mir aus mehreren Gründen leid, dass du jetzt da rausgehst. Ich hätte China oder Australien vorgezogen, aber Waring hat sein Wort und seinen Willen.“

„Und ich hatte *mein* Wort und auch meinen Willen, Onkel Ben. Indien ist mein Heimatland; Ich erinnere mich noch genau daran – die Diener mit ihren dunklen Gesichtern und großen weißen Turbanen, mein kleines kastanienbraunes Pony, das „Lal Tatoo“ genannt wurde, und ich möchte meinen Vater sehen. Du weißt, dass wir uns seit fünfzehn Jahren nicht gesehen haben.“

„Ich weiß“, stimmte Mr. Pollitt düster zu und fügte nach einer Pause hinzu: „Ich frage mich jetzt, ob es Ihnen möglich wäre, mich umzuwerfen – und dort draußen bei ihm stehen zu bleiben!“

„Dafür besteht nicht die geringste Wahrscheinlichkeit. Außerdem will mich mein Vater nicht.“

„Und angenommen, dass er es *getan hat* !“ rief Herr Pollitt, sprang plötzlich auf und begann im Zimmer umherzugehen. „Bedenken Sie, dass Sie zwischen uns eine Entscheidung treffen müssen! Du kannst nicht Sohn und Erbe *zweier* Männer sein! Sie können ihm eine Woche oder höchstens einen Monat lang einen Besuch abstatten; aber wenn Sie die Heimkehr auf seinen Wunsch hinauszögern – ich warne Sie, dass Sie in Indien bleiben können, bis ich Sie abhole! Um es auf den Punkt zu bringen: Ich wasche meine Hände für immer von dir! Sie werden nicht einen Heller von meinem Geld sehen“, fuhr er voller Aufregung fort. „Ich werde jeden Schilling den Krankenhäusern überlassen, das verstehen Sie doch, oder?“ er keuchte atemlos.

„Ja, und es wäre nur gerecht. Ich kann nicht bei meinem Vater in Indien leben und zu Hause Ihr Adoptivsohn sein, aber Sie sind unnötig beunruhigt. Ich werde auf jeden Fall innerhalb eines Jahres wieder auftauchen. Wenn Sie möchten, nehme ich ein Rückflugticket."

„Nun, das ist ein Schnäppchen, mein Junge. Ich bin ein bisschen eifersüchtig auf deinen Vater und es ist ein ekliges, demütiges und unhöfliches Gefühl. Ich muss gestehen, dass ich froh war, dass er Sie sozusagen fallen gelassen hat. Aber er hat dich mir übergeben, als er die Begum geheiratet hat, und du bist *mein* Sohn – nicht seiner."

Der Tag der Abreise kam; Der Kammerdiener (eine etwas geschwätzige Person mit hervorragenden Referenzen), verantwortlich für drei mit Gepäck beladene Taxis, ging den Reisenden nach Victoria voran, während Herr und Frau Pollitt die jungen Männer im Familienlandau fuhren, um den letzten zu sehen von ihnen.

Als Mark und sein Onkel langsam auf dem Bahnsteig auf und ab gingen, sagte Letzterer, der den ganzen Morgen über unaufhörlich pingelig gewesen war:

„Jetzt hoffe ich, dass nichts vergessen wurde und dass Sie alles haben, was Sie wollen?"

„Ich bin sicher, das haben wir – und zwar zehnmal."

„Du wirst oft schreiben – einmal in der Woche – und wenn auch nur eine Zeile, nicht wahr? Pass auf, dass du uns nicht vergisst."

„Keine Angst davor, Onkel Dan."

„Und denken Sie an unseren Handel. Obwohl ich schließlich keine Rückfahrkarten genommen habe. Bleiben Sie nicht länger als ein Jahr. Ich weiß nicht, wie ich ohne dich weiterkommen soll. Ich kann den Post-Phaeton jetzt nie mehr benutzen, denn ich hasse es, neben dem Kutscher zu sitzen – und – wissen Sie, ich habe einmal versucht zu fahren – und das Ergebnis. An einem heißen Nachmittag wird es niemanden geben, der mich mit auf den Fluss nimmt – andere Leute, aber du denkst, ein alter Mistkerl hat dort nichts zu suchen. Oh, ich werde dich vermissen! Ich habe Geld für Sie in Bombay bei Bostock & Bell's hinterlegt" (wobei ich eine prächtige Summe nenne), „und wenn es erledigt ist, müssen Sie nach Hause kommen, denn ich werde Ihnen keinen weiteren Stiver schicken. Es läuft natürlich auf Ihren Namen – Sie werden der Zahlmeister sein."

„Alles klar, Onkel."

„Halten Sie Ihr Scheckbuch verschlossen. Lass nicht zu, dass ein Tiger dich erwischt, oder eine dieser intriganten, ehemannsjagenden Frauen, von denen Clarence spricht."

„Sie können sich in dieser Hinsicht ganz ruhig verhalten", mit einem eher spöttischen Lächeln.

„Nun, die Zeit ist abgelaufen, mein lieber Junge. Es tut mir leid, dass Sie gehen. pass auf dich auf. Gott schütze dich!" während er sprach, rang er die Hand.

In der Zwischenzeit hatten auch Frau Pollitt und ihr Bruder ein paar Abschiedsworte gewechselt.

„Nun, Clar", sagte sie eindrucksvoll, „ich habe etwas Gutes für dich getan. Das ist eine großartige Chance. Stellen Sie sicher, dass Sie das Beste daraus machen. Wenn Sie dem „Onkel", wie Sie ihn nennen, gefallen, wird er Ihnen nach und nach zu etwas Besserem verhelfen."

Clarence nickte klug. Er war in bester Stimmung.

„Sie sind nicht wirklich an die Zeit gebunden, wissen Sie", fuhr sie flüsternd fort.

„Ich weiß", und in seinem rechten Auge war ein bedeutungsvoller Blick, der fast einem Zwinkern ähnelte.

„Und Sie werden Manager – und Zahlmeister."

„Führer, Ratsmitglied und Freund, darauf können Sie *wetten*."

„Und nun, lieber Junge, *sei* vorsichtig; Lassen Sie sich nicht noch mehr mit Graswitwen ein; Lassen Sie sich nicht noch mehr auf Wetten oder Glücksspiele ein – versprechen Sie es mir."

„Ich werde so standhaft sein wie der alte Time oder der junge Mark selbst, und mehr kann ich nicht sagen. Nun, auf Wiedersehen – und vielen Dank, Lina. Ich muss sagen, dass Sie *sich* an Ihre eigenen Leute halten" und fügte mit einem hastigen Kuss hinzu: „Ich sehe, wir sind weg."

Als die Kutsche langsam an den Pollitts vorbeifuhr, die Seite an Seite standen, warf sich Clarence mit lautem Lachen zurück und rief:

„Ich erkläre, der Onkel scheint ziemlich zerschlagen zu sein – ha, ha, ha! Bei meiner Seele, ich glaube, der alte Kerl *weint*!"

KAPITEL X. VORSCHLAG VON
MAJOR BYNG.

Major Byng, ein drahtiger, ausgetrockneter kleiner Offizier mit bemerkenswert dünnen Beinen und sportlichen Neigungen, lag in einem langen Sessel auf der Veranda des Napier Hotels, Poonah, rauchte seinen „Trichy" nach dem Frühstück und wischte sich die Augen über das „asiatische" Taschenbuch.

„Hallo, Byng, alter Mann!" rief eine laute, fröhliche Stimme, und als er aufblickte, zeigte sich sein Erstaunen in dem Gesichtsausdruck, den er Clarence Waring zuwandte.

„Waring! Warum – dachte ich", legte sein Buch weg und setzte sich aufrecht hin.

„Ich dachte, ich wäre nach Hause gegangen – ausverkauft und völlig kaputt. Aber hier bin ich, wie Sie sehen, wieder auf meinen Beinen."

„Freut mich, das zu hören", mit einem kurzen Blick auf Warings wohlhabendes Auftreten und seine teuer aussehende Kleidung. „Setz dich, mein lieber Junge", rief er herzlich, „setz dich und iss einen Stumpen und erzähl mir alles über dich und was hat dich wieder in das Land des Bedauerns zurückgebracht?" Ist es Tee, Kaffee oder Gold?"

„Gold, in gewisser Hinsicht. Ich bin der Begleiter eines jungen Millionärs, oder vielmehr des Neffen eines Mannes, der so viel Geld – und *keine* Kinder – hat, dass er nicht weiß, was er tun soll."

„Und wer ist der junge Mann? Weiß *er*, was zu tun ist?"

„Sein Name ist Jervis – sein reicher Onkel ist mit meiner Schwester verheiratet; Wir sind Verbindungen, wissen Sie, und als er den Wunsch äußerte, den wunderschönen Osten zu erkunden, schlug meine Schwester *mich natürlich* für den Posten des Führers, Philosophen und Freundes vor."

Hier stieß Major Byng ein kurzes, scharfes Lachen aus, das wie ein Bellen aussah.

„Wir sind vor zehn Tagen in Bombay gelandet und werden herumreisen und die Welt sehen."

„Was ist das Programm?"

„ *Mein* Programm sieht wie folgt aus: Poonah-Rennen, Secunderabad-Rennen, Madras-Rennen, ein Großwildschießen in Travancore, Kosten ohne Objekt, Elefanten, Schläger, Clubkoch, Kulis mit Buchstaben und Eis für den Champagner. Dann werde ich ihn ein wenig im Zug herumführen und ihm Delhi, Agra, Jeypore zeigen; Danach werden wir das kalte Wetter in Kalkutta beenden. Ich habe dort viele Freunde und von Kalkutta aus werden wir in die Berge nach Shirani fahren. Ich werde mich freuen, den alten Club wiederzusehen – viele vergängliche Stunden habe ich dort verbracht!"

„Derselbe Club hatte einen erschreckend schlechten Ruf, was Glücksspiel und Bärenkämpfe angeht", sagte Major Byng bezeichnend.

„Ich glaube, das war es, jetzt erwähnen Sie es; aber Sie können sicher sein, dass es sich reformiert hat – wie ich."

„Und dieser junge Kerl – wie ist er?"

„Ruhig, Gentleman, gelassen, leicht zufriedenzustellen, hält jeden für einen guten Kerl", und Waring lachte spöttisch; „verabscheut jede Aufregung oder Show, geht nie auf Wetten ein, steht morgens nie mit Kopf auf, hat keine teuren Geschmäcker."

„Tatsächlich ist sein Geschmack kläglich unter seinen Möglichkeiten! Wie schade, dass der Millionär nicht *Ihr* Onkel ist!"

„Ja, statt nur Schwager zu sein, sind Schwager notorisch gefühllos. Allerdings habe ich meinen Blutsverwandten vorerst als meinen eigenen Blutsverwandten angenommen. *Ich* bin der Chef der Show. Kommen Sie und speisen Sie heute Abend mit mir, erzählen Sie mir alles über das ‚Gup' und geben Sie mir das Trinkgeld für den arabischen Geldbeutel."

"In Ordnung. Ist dieser junge Jervis ein Sportler?"

„Er ist ein erstklassiger Mann auf einem Pferd, und er spielt Polo, aber er nimmt nicht an Rennen teil – mehr ist schade!"

„Spielt er Polo, oder? Von Jove!" und in den kleinen grünlichen Augen des Majors leuchtete ein eifriges Licht. „Ich habe ein paar Ponys zum Verkauf – "

„Er will sie jetzt nicht, was auch immer er später in Kalkutta oder in den Bergen tun mag. Ich werde für mich selbst nach drei oder vier Ausschau halten, gute, gesunde Exemplare, wohlgemerkt, Byng, bis zum Gewicht. Ich habe Fleisch angenommen, wissen Sie, aber ich wage zu behaupten, dass meine ängstlichen Pflichten mich ein wenig zermürben werden. Jervis wiegt nicht mehr als zehn Kilo, und wenn ich vom Teufel rede, hier kommt er."

Major Byng drehte schnell den Kopf, als in diesem Moment Warings Reisebegleiter, ein schmächtiger, aktiv aussehender junger Mann, das

Gelände betrat, dicht gefolgt von einem Schwarm Straßenhändler und dem sie begleitenden Zug Kulis, die auf ihren Köpfen das unvermeidliche Poonah trugen Figuren, Handsiebe, Töpferwaren, Käferarbeiten, Seide, Silber und Schmuck.

„Ich sage, Waring", rief er, als er näher kam, „schau mich einfach an! Man könnte meinen, ich sei eine Bienenkönigin. Wenn das so weitergeht, musst du mich in eine Irrenanstalt einweisen, falls es so einen Ort hier draußen gibt."

„Mark, ich möchte Ihnen meinen alten Freund vorstellen, Major Byng."

Major Byng beugte sich in seinem Stuhl vor – aufzustehen war eine zu große Anstrengung, um einen möglichen Käufer von Poloponys überhaupt zu begrüßen –, lächelte freundlich und sagte:

„Du bist gerade erst draußen, das verstehe ich. Wie gefällt dir Indien?"

„Bis jetzt hasse ich es", setzte sich während er sprach, nahm sein Topee ab und wischte sich die Stirn. „Seit meiner Landung lebe ich in einem Zustand der Qual."

„Ah, die Mücken!" rief Major Byng mitfühlend aus; „Man wird sich daran gewöhnen. Sie sorgen immer für Neuankömmlinge und frisches Blut."

„Nein, nein; aber menschliche Mücken! Werber, Straßenhändler, Bettler, Juweliere, Pferdehändler. Sie alle haben sich von dem Moment an, als ich ankam, auf mich konzentriert. Seitdem ist mein Leben eine Last für mich. An Bord des Schiffes war es ziemlich schlimm. Einige unserer Mitreisenden schienen zu glauben, ich sei eine große Berühmtheit und nicht der gewöhnliche Passagier; Sie überhäuften mich mit höflichen Reden, und an dem Tag, als wir in Bombay ankamen, wurde ich unter Einladungen fast lebendig begraben, die Leute waren *so* traurig, sich von mir trennen zu müssen!"

„Hier ist ein netter junger Zyniker für dich!" rief Kapitän Waring selbstgefällig aus. „Er ist noch nicht an das grelle Licht gewöhnt, das auf einen gutaussehenden jungen Junggesellen fällt, *der Erbe* von dreißigtausend Dollar im Jahr –"

„Warum machen Sie es nicht auf einmal hunderttausend, wenn Sie schon dabei sind?" unterbrach den anderen ungeduldig. „Wie konnten sie wissen, dass ich *der Erbe* von irgendjemandem war? Ich bin mir sicher, dass ich ein sehr alltagstauglicher Mensch bin. Das Einkommen meines Onkels wird mir nicht auf die Rechnung geschrieben!"

„In gewisser Hinsicht war es so", rief Waring lachend.

„Nur bei der einfachen, vulgären Klasse war ich so ungeheuer beliebt."

„Mein lieber Freund, Sie sind viel zu bescheiden. Du warst bei allen beliebt."

„Nein, auf keinen Fall; Ich hätte die überhebliche alte Dame umarmen können, die mich mit gedehnter Stimme fragte, ob ich in irgendeiner Weise mit Pollitts Patentgeflügelfutter verwandt sei? Ich war erfreut, überschwänglich zu antworten: „Neffe, Ma'am." *Sie* verachtete mich aus tiefstem Herzen und machte keine dummen Versuche, ihre Gefühle zu verbergen."

"Ah! Sie hatte keine *Töchter* ", entgegnete Waring mit einem verächtlichen Lachen. „Der Kammerdiener hat alles über Sie erzählt. Er hatte auf Erden nichts anderes zu tun, als seinen Herrn zu verherrlichen und sich dadurch selbst zu erhöhen. Ihr Wert spiegelt sich im Gentleman Ihres Gentleman wider, und er hatte keine gespielte Bescheidenheit und hat Sie mit einer coolen Million bewertet! Übrigens habe ich ihn gerade im Best Hotel Landau davonfahren sehen, mit den Füßen auf den gegenüberliegenden Kissen und einer Zigarette im Mund. Er ist eine großartige Werbung."

Sie waren jetzt der Mittelpunkt einer riesigen Menge von Straßenhändlern, die einen hockenden Kreis bildeten, und die Veranda war voll bestückt. Die Juweliere hatten ihre hübschen kleinen Blechdosen bereits von ihren weißen Kattunhüllen befreit, und ihr Inhalt wurde auf den üblichen verführerischen Quadraten aus rotem Salu ausgestellt.

„Waring Sahib!" schrie ein alter Verkäufer mit nur einem Auge. „Das letzte Mal, vor drei bis vier Jahren, als ich Sie im Charleville Hotel in Mussouri sah, verkaufe ich, Euer Ehren, einen sehr schönen Diamantarmreif für eine hübsche Dame –"

„Nun, Crackett, ich bin jetzt nicht mehr so dumm. Ich möchte eine hübsche Perlennadel für mich." Er wählte bewusst eine aus einem Koffer aus und fügte dann grinsend hinzu: „Dieses Mal habe *ich* für die Dame bezahlt; *Diesmal* , Herr", zeigte er auf Jervis, „zahlte für *mich* ."

„Ich kann es nicht ertragen", rief Jervis und sprang auf. „Hier ist der Mann mit dem kastanienbraunen Araber und dem gefleckten Maiskolben mit rosa Beinen, der mich seit zwei Tagen verfolgt; Und hier kommt der Junge mit dem ausgestopften Pfau, der mich den ganzen Morgen verfolgt hat; und – ich sehe das Mädchen in der Donner- und Blitzweste. Ich weiß, dass sie mich bitten wird, mit ihr zu reiten", und er schnappte sich sein Topee und floh.

Major Byng bemerkte Jervis an diesem Abend am *Table d'hôte* . Er war geschickt von Waring „abgeschnitten" worden und wurde zur Beute zweier übermäßig gekleideter, lauter junger Frauen. Frau Pollitt hat sich geirrt, *es kamen tatsächlich* zweitklassige Menschen nach Indien.

„Ich sage dir was, Waring!" Er sagte zu diesem Herrn, der in seiner fröhlichsten und freundlichsten Stimmung war: „Dieser junge Kerl wird aufs schändlichste gemobbt." Sein Kammerdiener hat ihn verraten. Wenn Sie nicht aufpassen, wird er seine Fersenseile ausrutschen lassen und nach Hause flüchten. Bitte beobachten Sie seinen Gesichtsausdruck! Schauen Sie sich zur Information einfach diese beiden Frauen an, insbesondere diejenige, die mit ihrer *Serviette den Umfang ihrer Taille misst.* Er wird mit dem nächsten Dampfer zurückfahren; es steht auf seiner Stirn geschrieben!"

„Nein, das wird er nicht tun", entgegnete Clarence mit trägem Selbstvertrauen. „Er hat einen ganz besonderen Grund, eine Weile hier draußen zu bleiben; Aber ich gebe Ihnen zu, dass es ihm keinen Spaß macht und er es offenbar nicht zu schätzen weiß, die Welt zu sehen – und es ist keine schlechte alte Welt, wenn man weiß, wie man sie richtig angeht. „Wenn *ich* an seiner Stelle wäre", blickte er ausdrucksvoll über den Tisch, „würde ich diese junge Frau bis zum Äußersten täuschen!"

Als Mark im Billardzimmer zu ihnen kam, sagte Major Byng:

„Ich habe deine traurige Lage beim Abendessen gesehen und hatte Mitleid mit dir. Wenn Sie ein ruhiges Leben führen wollen und den Rat eines alten Soldaten beherzigen, würde ich sagen: Lassen Sie den Kammerdiener los und schicken Sie ihn mit der Hälfte Ihres Gepäcks nach Hause. Dann beginnen Sie an einem neuen Ort, an dem Sie niemand kennt, mit einem guten muslimischen Träger, der in Ihren Angelegenheiten völlig fremd ist. Lass Clarence hier der Zahlmeister sein – *er* kann die Sprache sprechen und sieht wohlhabend und wichtig aus – es wird ihm nichts ausmachen, die Hauptlast zu tragen oder für einen reichen Mann gehalten zu werden, wenn der Ärger erneut ausbricht, und du kannst in Frieden leben und dich zusammentun Ain Gang.

Anschließend wurde dem Rat des Majors Folge geleistet – mit äußerst ausgezeichnetem Ergebnis. Die Cousins besuchten unterdessen die Poonah-Rennen, bei denen Clarence einige alte Bekannte traf.

Einer von ihnen bemerkte privat gegenüber Major Byng:

„Waring scheint neun Leben zu haben, wie eine Katze, und sieht äußerst festlich und wohlhabend aus. Ich habe gerade gesehen, wie er mit den „Buchmachern" ein Geschäft mit Kapital und bereitem Geld abschloss – und er ist ein guter Kunde von Para Mutual. Es ist ein wenig verblüffend, *ihn* in der Rolle des Mentors zu sehen . Ich hoffe nur, dass er nicht in *viele* Schwierigkeiten gerät!"

„Oh, Telemachus hat den Kopf ziemlich verdreht, und er wird sich um Waring kümmern – der Schüler wird sich um den Lehrer kümmern. Er ist wirklich ein guter Kerl, dieser Junge. Ich frage mich, ob seine Leute wissen, wie der alte Clarence damals, als er hier draußen war, Rennen gefahren ist, weiterhin Lotterien gespielt und im Allgemeinen den Teufel gespielt hat?"

„Nicht sie!" mit Nachdruck.

„Er schuldet mir in diesen drei Jahren hundert Rupien, aber er ist jetzt ein so großartiger Bahadur, dass ich mich schäme, ihn an eine so unbedeutende Summe zu erinnern. Ich hoffe aufrichtig, dass er ein neues Kapitel aufgeschlagen hat und ein reformierter Charakter ist. Was sagen Sie, Crompton?"

„Ich sage ‚Amen' von ganzem Herzen", war die prompte Antwort.

Mark Jervis war am Tag seiner Landung in Bombay direkt zum Agenten Bostock & Bell's gegangen und hatte nach der Adresse seines Vaters gefragt. Er erhielt es nur mühsam und mit erheblicher Verzögerung. Der Chef der Firma bat ihn in einem privaten Gespräch eindringlich, das Geheimnis für sich zu behalten, sonst würden sie in Schwierigkeiten geraten, da Major Jervis ein *eigenartiger* Mann sei und seine Angelegenheiten, die nun vollständig von einem Mr. Cardozo verwaltet würden, höchst geheimnisvoll seien . Major Jervis hatte jahrelang nicht persönlich mit ihnen korrespondiert. Dann kritzelte er etwas auf eine Karte, die er dem Neuankömmling reichte, der eifrig las: „Mr. Jones, Hawal-Ghât, via Shirani, NWP" Der Sohn des Majors schickte gleich mit der nächsten Post einen Brief mit dieser Überschrift.

KAPITEL XI.
EINE RESERVIERTE DAME.

Eine heiße, mondlose Nacht gegen Ende März, und der Aufwärtspost von Bombay nach Kalkutta ist zum Stillstand gekommen. Das grelle Licht des Ofens und der Kutschenlampen beleuchtet die gespenstisch aussehenden Telegrafenmasten, die staubige Kaktushecke und beleuchtet einen kleinen Teil des umliegenden Dschungels. Besorgt blickende Augen sehen im unmittelbaren Licht keine Spur einer Station oder auch nur einer Hütte eines Bahnwärters – und dahinter ragt ein felsiges, karges Gebiet auf, das größtenteils in unergründlicher Dunkelheit versunken ist.

Es gibt ein Durcheinander von Männerstimmen, schrill und gefühlvoll, die nicht aus europäischen Kehlen kommen, ein Rennen vieler Füße, und über allem ist das Schnauben der Maschine und das düstere Kreischen der Dampfpfeife zu hören.

"Was soll das alles heißen?" fragte ein silberner Drilling, und ein flauschiger Kopf lehnte sich aus einem Damenabteil der ersten Klasse.

„Kein Grund zur Sorge", antwortete eine angenehme Tenorstimme vom Haupteingang. „Etwa eine Meile weiter ist es zu einer Kollision zwischen zwei Güterzügen gekommen und die Strecke ist blockiert."

„Irgendjemand getötet?" sie sagte gedehnt.

„Nur ein paar Nigger", erwiderte die freundliche Stimme in fröhlichem Ton.

"Liebe mich!" rief die Dame mit plötzlicher Lebhaftigkeit aus; „Aber, Captain Waring, Sie können es doch sicher nicht sein!"

„Bitte, warum nicht?" Jetzt klettere ich auf das Trittbrett. „Und sehe ich Mrs. Bellett?" als der Kopf und die Schultern eines gutaussehenden Mannes am Fenster auftauchten und in die Kutsche blickten, die einen Berg Gepäck, zwei Damen, einen Affen und einen kleinen grünen Papagei enthielt.

„Woher bist du gekommen?" sie erkundigte sich. „Ich dachte, du hättest Indien für immer verlassen. Was hat dich zurückgebracht?"

„Die Erinnerung an glücklichere Tage", antwortete er mit sentimentaler Miene, „und ein P.-and-O.-Dampfer."

„Aber Sie haben den Dienst doch doch verlassen?"

„Ja, vor drei Jahren; Zu Hause war es zu anstrengend. Früher war ich im Dienst in Indien, jetzt bin ich zum Vergnügen hier. Keine Sorge, meinen Urlaub zu überschreiten – keine Angst vor Messinghüten."

„Haben Sie in der Zwischenzeit Angst davor, dass uns ein weiterer Zug überfährt?" fragte nervös die zweite Dame, eine Dame, die auf der gegenüberliegenden Seite des Abteils saß und den Kopf in einen rosa Schal gehüllt hatte.

„Nicht der Kleinste; wir sind vollkommen sicher."

„Captain Waring, das ist meine Schwester, Mrs. Coote", erklärte Mrs. Bellett. „Und jetzt können Sie uns vielleicht sagen, wo wir sind und was aus uns werden soll?"

„Was Ihren Standort betrifft, so sind Sie etwa drei Meilen von Okara Junction entfernt; Was mit Ihnen geschehen wird, fürchte ich, dass Sie unter meiner Eskorte dorthin gehen müssen – wenn mir diese Ehre zuteil werden darf."

„Gehen Sie drei Meilen!" wiederholte sie schrill. „Na ja, ich habe so etwas schon seit Jahren nicht mehr gemacht, und ich trage dünne Schuhe. Könnten wir nicht auf den Motor gehen?"

„Ja, wenn der Motor fast hundert Gepäckwagen überfliegen könnte. Es ist eine schöne Sternennacht; Wir bekommen eine Lampe und können an der Reihe bleiben. Sie haben einen Pannentrupp geschickt, und wir werden in Okara einen weiteren Zug nehmen. Wir müssen nur etwa ein oder zwei Stunden warten."

„Nun, ich denke, wir müssen das Beste daraus machen!" sagte Mrs. Coote, „wie andere auch", während Scharen von Eingeborenen vorbeiströmten, lautstark plapperten und ihr Bettzeug und ihre Bündel trugen.

„Ich wünschte, wir könnten bei Okara zu Abend essen", sagte ihre Schwester. „Ich bin sicher, wir werden es nach unserem Landstreich brauchen; Aber ich weiß, wir brauchen nichts Besseres als ein Ziegenkotelett und das Curry von vorgestern. Allerdings habe ich einen Teekorb."

„Ich kann noch einen Schritt weiter gehen", sagte Kapitän Waring. „Ich habe einen Tiffin-Korb, gut gefüllt mit Eis, Champagner, kalter Zunge, Topfhuhn – Kuchen – Obst –"

„Sie machen mich ziemlich hungrig", rief Mrs. Bellett. „Aber wie soll man all diese Köstlichkeiten nach Okara bringen?"

„Von einem Kuli, hoffe ich. Im Ernstfall werde ich sie lieber auf meinem Kopf tragen, als sie zurückzulassen. Rupien wirken jedoch Wunder, und ich gehe davon aus, dass ich so viele ergattern werde, wie der Korb und auch Ihr Gepäck tragen können. Ich nehme an, fünfzig reichen aus?" und mit einem Grinsen kletterte er außer Sichtweite hinunter.

„Was für ein Glücksfall, Nettie!" rief Frau Bellett aus. „Er war früher ein großer Freund von mir in Mussouri, und stellen Sie sich vor, wie ich ihn auf diese Weise kennengelernt habe! Er scheint im Geld zu wühlen; Er muss ein Vermögen verdient haben, denn früher war er furchtbar knapp bei Kasse. Ich bin so froh, ihn kennenzulernen."

„Ja, es ist alles in Ordnung für *Sie* , die Sie angezogen sind", entgegnete der andere mit verdrießlicher Stimme; „Aber sehen Sie mich doch nur in einer alten Teejacke an, mit Lockenwicklern im Haar!"

„Oh, dir ging es gut! Ich bin mir sicher, dass er dich nie bemerkt hat!" war die schwesterliche Antwort. „Lasst uns schnell sein und unsere Sachen einpacken. Ich wünschte zum Himmel, die Ayah wäre hier", und sie begann geschäftig herumzulaufen, Wickel und Kissen festzuschnallen und Bücher und Fächer einzusammeln.

Jeder im Zug schien geschäftig zu sein und sich auf die Abfahrt vorzubereiten, und bald konnte man viele Gruppen zu Fuß mit Laternen entlang der Strecke strömen sehen. Kapitän Waring kehrte sofort mit einem Dutzend Kulis zurück, und bald war Mrs. Belletts Wagen leer. Sie und ihre Schwester wurden von Captain Waring und einem jungen Mann – vermutlich seinem Begleiter – unterstützt. Bevor sie hinunterstieg, blieb Mrs. Bellett, die einen hübschen Fuß hatte, auf der Stufe stehen, um die dünnen Schuhe zu zeigen, und fragte, während sie ihre Louis-Quatorze-Sohle ausstreckte, „wie sie damit drei Meilen weit gehen solle . " eine holprige Straße?"

Die beiden Damen waren dennoch in bester Stimmung und schienen die Neuheit des Abenteuers zu genießen. Bevor das Quartett zwanzig Meter zurückgelegt hatte, kam der Wachmann und schrie ihnen nach:

„Bitte verzeihen Sie, Sir", wandte er sich an Kapitän Waring, „aber es gibt eine Dame, die ganz allein in meiner Obhut ist. Ich kann es nicht mit ihr aufnehmen; Ich muss bleiben und mich um das Gepäck kümmern und hier bleiben. Und würdest du dich um sie kümmern?"

"Wo ist sie?" fragte Waring gereizt.

„Vorletzter Waggon – reservierte Damen, erste Klasse."

„Ich sage, Mark", wandte er sich an seinen Freund, „wenn sie eine zurückhaltende Dame ist, ist alles in Ordnung. „Er ist furchtbar schüchtern, dieser junge Kerl", erklärte er seinen anderen Begleitern mit einem lauten Lachen. „Es macht mir nichts aus, darauf zu wetten, dass sie alt ist – und du weißt, dass du alte Frauen magst –, also lauf einfach zurück wie ein guter Kerl. Sehen Sie, ich habe Mrs. Bellett und ihre Schwester – Sie werden keine fünf Minuten hinter uns sein, bringen Sie die zurückhaltende Dame so schnell wie möglich her."

Der andere gab keine hörbare Antwort, sondern drehte sich gehorsam um und ging langsam an den Reihen leerer Waggons vorbei, bis er fast am Ende des Zuges angelangt war. Hier entdeckte er eine einsame weiße Gestalt, die über ihm in der offenen Tür eines Abteils stand, und eine Mädchenstimme rief in die Dunkelheit hinunter:

„Bist du das, Wache?"

„Nein", war die Antwort; „Aber der Wächter hat mich geschickt, um zu fragen, ob ich Ihnen irgendwie helfen kann."

Eine kurze Pause, und dann kam ein eher zweifelndes „Danke."

„Deine Lampe ist ausgegangen, wie ich sehe, aber ich kann leicht ein Streichholz anzünden und deine Sachen zusammenpacken. Es gibt eine Blockade auf der Strecke, und Sie müssen aussteigen und zur nächsten Station gehen."

"Wirklich? Gab es einen Unfall? Ich konnte nicht verstehen, was die Leute sagten."

„Es ist nicht von großer Bedeutung – zwei Güterzüge streiten sich um den richtigen Weg; aber wir müssen nach Okara laufen, um die Post von Cawnpore zu holen."

"Ist es weit?"

„Etwa drei Meilen, glaube ich."

„Oh, das ist nicht viel! Ich habe nicht viele Dinge – nur einen Kleiderschrank, einen Teppich und einen Sonnenschirm."

"In Ordnung; Wenn du sie weitergibst, werde ich sie tragen."

„Aber sicherlich gibt es einen Portier", entgegnete die Dame, „und ich brauche Sie nicht zu belästigen."

„Ich glaube nicht, dass es in der Nähe von Brindisi so etwas wie einen Gepäckträger gibt , und alle Kulis holen das Gepäck raus. Erlaube mir, dir zu helfen."

Einen Augenblick später stand die junge Dame, die sowohl leichtfüßig als auch aktiv war, neben ihm in der Leitung. Sie war Engländerin; Sie war groß; und sie trug ein scheußlich geformtes Topee aus ländlicher Produktion – das war alles, was er im trüben Licht erkennen konnte.

„Sollen wir jetzt anfangen?" fragte er forsch und nahm ihre Tasche, ihren Teppich und ihren Sonnenschirm.

„Bitte geben Sie mir die Tasche", flehte sie. „Ich – ich – das heißt, ich würde es lieber selbst behalten. Mein ganzes Geld ist darin."

„Und soweit Sie wissen, bin ich vielleicht ein Straßenräuber", erwiderte er lachend. „Ich gebe dir mein Ehrenwort, dass ich dich nicht ausrauben werde, wenn du mir erlaubst, es zu tragen."

„Das habe ich nicht so gemeint", stammelte sie.

„Was meintest du dann? *Ich habe* jedenfalls vor, es zu behalten. Die anderen Passagiere sind vorne – ich nehme an, Sie sind ganz allein?"

"Fast. Es gibt einen Diener im Zug, der auf mich aufpassen soll, aber ich kümmere mich um ihn und sorge dafür, dass er an den verschiedenen Kreuzungen nicht zurückbleibt. Wir können kein einziges Wort verstehen, das wir wechseln, also grinst er und gestikuliert, und ich nicke und zeige; Aber alles führt zu nichts, oder schlimmer als nichts. Ich wollte heute Morgen etwas Tee und er brachte mir Whisky und Limonade."

„Und haben Sie niemanden, auf den Sie sich verlassen können, außer diesem intelligenten Begleiter?"

"NEIN. Die Leute, mit denen ich herauskam, zogen sich in Khandala um und überließen mir die Leitung der Wache und fuhren in einem Durchgangswagen nach Allahabad; und damit hätten wir natürlich nie gerechnet."

„Du bist also gerade von zu Hause gekommen?" Er beobachtete, wie sie in gutem Tempo weitergingen.

"Ja; kam gestern Morgen in der *Arcadia an* ."

„Dann ist dies das erste Mal, dass Sie tatsächlich indischen Boden betreten, denn Züge und Gharries zählen nicht?"

"Es ist. „Glauben Sie", er blickte nervös auf die wilde Weite zu beiden Seiten, „gibt es Tiger in der Nähe?"

„Nein, das hoffe ich aufrichtig, denn ich habe keine Waffe außer deinem Sonnenschirm. Spaß beiseite, Sie sind absolut sicher. „Das" – mit einer Bewegung des oben genannten Sonnenschirms – „ist nicht ihr Jagdrevier."

„Und was ist ihr Stil, wie Sie ihn nennen?"

„Oh, viel hohes Gras und Dschungel, in einem Viehland."

„Hast du viele Tiger erschossen?"

„Zwei letzten Monat. Mein Freund und ich hatten ziemlich viel Spaß unten in Travancore."

„Ich nehme an, du lebst hier draußen?"

„Nein, ich bin erst seit etwa sechs Monaten im Land.“

„Ich wünschte, *ich* wäre sechs Monate in Indien gewesen.“

"Darf ich fragen warum?"

„Sicherlich kannst du das. Weil ich in weiteren sechs Monaten nach Hause gehen würde.“

„Und du bist erst vor achtundvierzig Stunden gelandet! Sicherlich haben Sie es noch nicht satt. Ich dachte, alle jungen Damen mochten Indien. Pass auf, wohin du gehst! Hier ist es sehr dunkel. Wirst du meinen Arm fassen?“

„Nein, danke“, ziemlich steif.

„Dann meine Hand? Du hättest es wirklich besser, sonst kommst du ganz furchtbar zu kurz und stolperst über die Schwellen.“

„Hier ist ein außergewöhnliches Abenteuer!“ sagte Honor zu sich selbst. „Was würden Jessie und Fairy sagen, wenn sie mich jetzt sehen könnten, wie ich im Dunkeln durch ein wildes, trostloses Land gehe, Hand in Hand mit einem völlig seltsamen jungen Mann, dessen Gesicht ich noch nie gesehen habe?“

Ein kurzes Stück weiter waren Gruppen plappernder Eingeborener – Frauen in roten Kleidern und Messing-Lotahs, die das Licht ihrer Handlaternen einfingen (eine Laterne ist für einen Eingeborenen das, was ein Regenschirm für einen Briten ist); langbeinige Männer mit Turbanen, die Bündel, Lampen und Stöcke trugen. Die Linie war auf beiden Seiten von dicken Hecken aus gräulichen Kakteen begrenzt; hier und da schimmerte eine weiße Blume; Hier und da zeigte ein alter Busch nackte, verformte Wurzeln, wie die Rippen eines ausgestorbenen Tieres. Dahinter erstreckte sich eine trübe, geheimnisvolle Landschaft, die im Licht einiger blasser Sterne unheimlich und gespenstisch aussah. Die Nacht war still und drückend warm.

„Man wird Sie vermutlich in Allahabad treffen?“ bemerkte Honors unbekannte Eskorte nach längerem Schweigen.

„Ja – von meiner Tante.“

„Du freust dich bestimmt darauf, sie wiederzusehen?“

" *Wieder!* Ich habe sie noch nie gesehen.“ Sie machte eine Pause und fuhr dann fort: „Wir sind drei Mädchen zu Hause, und meine Tante und mein Onkel wollten, dass eine von uns zu Besuch kommt, und *ich* kam.“

„Nicht sehr freiwillig, wie es scheint“, mit einem kurzen Lachen.

"NEIN; Ich habe so lange durchgehalten, wie ich konnte. Ich bin – oder besser gesagt, war – der Nützliche zu Hause.“

„Und haben Ihre Tante und Ihr Onkel die nützlichste Nichte festgelegt?“

„Auf keinen Fall – sie – sie, um ehrlich zu sein, sie haben nach der *Hübschen gefragt*, und ich bin nicht die Schönheit der Familie.“

"NEIN? Muss ich mich darauf verlassen, oder fischen Sie nur?“

„Ich versichere Ihnen, dass das nicht der Fall ist. Ich fürchte, meine Tante wird enttäuscht sein; aber es war unvermeidlich. Meine älteste Schwester schreibt und konnte nicht gut auf das verzichten, was sie ihre literarischen Kunden nennt. Meine nächste Schwester ist – ist – nicht stark, und deshalb schickten sie mir – ein *dürftigeres Resort*.

Sie sprach ganz offen mit diesem Fremden und schämte sich ziemlich für ihre Geschwätzigkeit; aber er hatte eine angenehme Stimme, er war der erste freundliche Mensch, dem sie begegnete, seit sie das Haus verlassen hatte, und sie hatte schreckliches Heimweh. Eine lange, einsame Eisenbahnfahrt hatte ihre Beschwerden nur noch verstärkt, und sie war bereit, mit *jedem von zu Hause zu sprechen* – sie hätte wahrscheinlich mit dem Chuprassi darüber gesprochen, wenn er sie hätte verstehen können!

Ihre Eskorte war eine skrupellose, selbstsüchtige kleine Frau gewesen, deren Amme, die sich als schlechte Seefahrerin erwiesen hatte, ihrem gutmütigen, unerfahrenen Schützling buchstäblich die Fürsorge für zwei widerspenstige Kinder aufbürdete, und dies auf eine Art und Weise, die bei ihren Mitreisenden erhebliche Empörung hervorrief.

„Warum sollten Sie sich ein *dernier ressort nennen*?“ fragte ihre Begleiterin nach einer Pause, in der sie weiter stolperten, während sie den jungen Mann schüchtern am Arm hielt.

"Weil ich bin; und ich sagte ihnen zu Hause mit meinem allerletzten Atemzug, dass ich nicht im Geringsten dazu geeignet sei, hierherzukommen und mich mit Fremden – nichts als Fremden – zu vermischen und ständig in das einzutauchen, was man „intelligente“ Gesellschaft nennt, und eine völlig neuartige Gesellschaft zu gründen des Lebens. Ich werde in endlose Schwierigkeiten geraten.“

„Darf ich Sie nach dem Grund für diese düstere Prophezeiung fragen?“

„Sicher können Sie es erraten! Weil ich meinen Mund nicht halten kann. Ich platze mit dem ersten heraus, was mir in den Sinn kommt. Wenn ich denke, dass etwas falsch oder seltsam ist, muss ich es sagen; Ich kann nicht anders, ich bin unheilbar. Die Leute zu Hause sind an mich gewöhnt und haben nichts dagegen. Außerdem habe ich die schreckliche und völlig unbewusste Angewohnheit, die unangenehmsten Themen auszuwählen, und ein äußerst schlechtes Gedächtnis für die Namen und Gesichter von Menschen, mit denen ich nur eine kurze Bekanntschaft habe; Sie sehen also, dass ich wahrscheinlich kein gesellschaftlicher Erfolg sein werde!"

„Wir hoffen, dass Sie ein düsteres Bild von sich selbst haben. Was halten Sie zum Beispiel von einem unangenehmen Thema?"

„Wenn ich mit einer Person mit einem Gips im Auge spreche, bin ich mir ziemlich sicher, dass ich mich bald dabei ertappen werde, wie ich mich ausführlich über Schielen unterhalte; oder, wenn mein Partner eine Perücke trägt, muss ich Perücken auf den Tapis mitbringen. Ich glaube, ich bin von einem schelmischen Kobold besessen, der meine anschließende Folter genießt."

„Bitte, woher weißt du, dass *ich* kein Schielen, keine Perücke oder beides habe? In diesem heißen Klima wäre eine Perücke keine schlechte Sache; Die Haare abzunehmen wie die Mütze, wäre oft eine große Erleichterung! Ah, hier kommen wir endlich zum Ort der Kollision", und bald kamen sie an einer langen Reihe von Waggons vorbei, und dann bäumten sich zwei riesige Lokomotiven auf, eine quer über die Linie, die andere dagegen; Ein riesiges Freudenfeuer brannte am Ufer und warf die großen schwarzen Monster in deutliche Umrisse. Weiter kamen sie an einem Tor und einem Bahnübergang. Das Tor der Hütte des Wärters stand weit offen, und auf der Schwelle saß eine grauhaarige alte Frau, den Kopf zwischen den Knien, und schluchzte; drinnen erklang ein Stöhnen, als ob es einem Leidenden in akuter Angst abgerungen würde. Honors unbekannter Begleiter blieb plötzlich stehen und rief impulsiv:

„Ich fürchte, jemand wurde schwer verletzt; Wenn es Ihnen nichts ausmacht, gehe ich einfach hin und sehe nach."

Kaum hatte sie kurz zustimmend genickt, war er über das Tor gesprungen und hatte sie verlassen.

KAPITEL XII.
ZWEI Barmherzige Samariter.

In ihrem ganzen Leben hatte sich die jüngste Miss Gordon noch nie so völlig einsam und verlassen gefühlt wie jetzt, als sie allein auf der Strecke der Great Indian Peninsular Railway stand. Vor ihr verschwand die Gruppe der Eingeborenen mit ihren funkelnden Laternen allmählich; hinter ihr war eine lange, stille Prozession von Lastwagen und Waggons, die wie ein schreckliches schwarzes Monster aussahen, das auf seine Beute wartete; Zu beiden Seiten erstreckte sich die gräuliche, unbekannte, geheimnisvolle Landschaft, aus der seltsame, unbekannte Geräusche in Form von Krächzen und Schreien zu hören waren. Oh! Wann würde ihr namenloser Begleiter zurückkehren? Sie warf einen besorgten Blick zur Hütte, sie lag hinter dem Tor und an einem steilen Abhang, abseits der Straße; Lebhafte Gestalten schienen vor der beleuchteten offenen Tür hin und her zu gehen. Ah! Da kam einer von ihnen, ihr Begleiter, der in Wirklichkeit nur fünf Minuten abwesend gewesen war und nicht, wie sie vermutete, eine halbe Stunde.

„Es handelt sich um einen Heizer, der eine Schnittwunde am Kopf und schwere Verbrühungen erlitten hat", erklärte er atemlos. „Sie warten auf einen Apotheker aus Okara und probieren in der Zwischenzeit ein einheimisches Kraut und einen Zauber. Sie scheinen dem armen Kerl nicht viel zu nützen. Ich denke, ich könnte vielleicht etwas Besseres für ihn tun, obwohl ich keine Erfahrung habe, außer Unfälle beim Fußball und auf der Jagd zu beobachten; aber ich kann dich hier nicht so zurücklassen, und trotzdem kann ich dich nicht gut in die Hütte bitten, die Hitze ist wie ein Ofen – und – im Großen und Ganzen – es wäre zu viel für dich, aber wenn es dir nichts ausmachen würde, nur draußen zu warten Für ein paar Minuten würde ich dir etwas zum Sitzen besorgen."

„Vielen Dank, aber ich würde lieber in die ‚Erste Hilfe' gehen – ich habe an einem Krankenwagenkurs teilgenommen –, wissen Sie, und vielleicht kann ich ja ein wenig von Nutzen sein; In meiner Tasche sind Heftpflaster, Eau de Cologne und eine Schere.

„Nun, wohlgemerkt; Sie müssen Ihre Nerven stärken", antwortete er, während er das Tor aufstieß und sie den bröckelnden Sandhang hinunterführte.

Die Hitze in der Hütte war fast erstickend; Als das Mädchen, ihrem Führer folgend, eintrat, waren alle Augen sofort voller Überraschung auf sie gerichtet.

Im Licht einer kleinen irdenen Lampe, die fürchterlich qualmte, erkannte sie die Gestalt eines Mannes, der auf dem Rand eines Charpoys hockte; Er atmete schwer und heiser und blutete aus einer großen Wunde über seinem Auge.

Ein Eurasier in einem karierten Baumwollanzug stand daneben und redete ununterbrochen – tat aber nichts anderes. Außer der alten Frau – einer wahrhaft verschrumpelten Hexe – waren auch zwei einheimische Männer anwesend, möglicherweise die „Bhai-Bands" oder Freunde des Leidenden; In einer Ecke saß ein großer schwarzer Paria und beobachtete alles mit einem Paar gelber Augen, die nicht blinzelten. und auf einem anderen Charpoy lag eine reglose Gestalt, bedeckt mit einem Laken. Ein paar irdene Chatties, eine Matte, ein Huka und ein paar bunte englische Drucke – größtenteils verkehrt herum festgenagelt – rundeten das Bild ab. Bisher waren die Reisegefährten füreinander lediglich die Verkörperung einer unbestimmten Figur und einer Stimme; Das Licht der kleinen Schlammlampe, deren lockiger Rauch die Umrisse tanzender schwarzer Teufel an die Wände warf, stellte sie nun zum ersten Mal einander gegenüber. Zu Ehren von Gordon stand ein unerwartet gutaussehender junger Mann zum Vorschein, schlank und gut gebaut, mit streng geschnittenen Gesichtszügen und einem Paar hübscher haselnussbrauner Augen, die sie ernst musterten. Ein Gentleman, nicht nur in seiner Rede und seinen Taten, sondern auch in seinem Auftreten.

Er seinerseits war nicht im Geringsten überrascht, ein blasses, aber ausgesprochen hübsches Mädchen zu sehen; Durch einen geheimnisvollen Instinkt war er schon vor langer Zeit zu der Überzeugung gekommen, dass der Besitzer einer so zarten Hand und einer so süßen, klaren Stimme nicht anders als schön anzusehen sein könnte.

„Der Apotheker kann nicht eine Stunde lang hier sein!" rief der Eurasier leichthin aus. „Ihm", auf den Patienten zeigend, „geht es sehr schlecht. Wir haben einige Kräuter auf seinen Arm und seinen Hinterkopf aufgetragen; aber ich selbst glaube, dass er *sterben wird* !" Er schloss mit einer Miene von melancholischer Bedeutung.

Eine Art Verband war das erste, was Honor verlangte, und er verlangte vergebens; Dann wickelte sie den Puggaree schnell von ihrem Topee ab und riss ihn in drei Teile.

Dann badete und verband sie mit schnellen und mitfühlenden Fingern den Kopf des Mannes, während Jervis die Lampe hielt, Vorschläge machte und nicht weniger beeindruckt als erstaunt zusah; Bisher hatte er geglaubt, dass Mädchen immer schrien und vor dem Anblick von Blut und Schrecken zurückschreckten.

Dieses Mädchen war zwar unbestreitbar weiß, aber so cool und selbstbeherrscht, so fest und doch sanft wie jede fähige professionelle Krankenschwester.

Der verbrühte Arm und die verbrühte Hand – ein schockierendes Schauspiel – wurden von beiden behandelt. Das Tolle daran war, die Luft auszuschließen und dem Leidenden zumindest vorübergehend Linderung zu verschaffen. Mit etwas einheimischem Mehl wurde geschickt ein Verband angelegt, der Arm in eine Schlinge gelegt und der Kopf des Patienten mit Wasser und Eau de Cologne gebadet. Von dem Fächer des Mädchens eifrig zugefächelt, begann er sich wiederhergestellt zu fühlen, man hatte ihm Mut gegeben, man hatte ihm versichert, dass seine Verletzungen nicht tödlich seien, und bald darauf erklärte er träge, dass es ihm besser ging.

Die Eingeborenen, die umherstanden, während der Sahib und Fräulein Sahib sich so schnell und wirkungsvoll um ihren Freund kümmerten, verwandelten nun ihre Wehklagen in laute Ausrufe des Staunens und des Lobes. Miss Gordon war erstaunt, als sie hörte, wie ihre Begleiterin diesen Zuschauern in fließendem und klangvollem Hindustani Anweisungen gab, und noch mehr erstaunte sie, als sich die Eurasierin zu ihm umdrehte und mit eindrucksvollem Quietschen sagte, als sie ihr Topi aufnahm und sich auf den Aufbruch vorbereitete:

„Sir, Ihre Frau ist eine Heilige – ein Engel der Güte" – und dann fügte er hastig nachträglich hinzu: „und Schönheit!"

Bevor Jervis sich fassen und etwas sagen konnte, hatte sie geantwortet:

„Ich bin nicht die Frau dieses Herrn; wir sind nur Mitreisende. Warum solltest du das denken?" sie forderte scharf.

„Weil – oh, seien Sie *bitte* nicht böse – Sie so passend aussahen", antwortete er mit entwaffnender Offenheit. „Ich hoffe wirklich, dass Sie *noch* verheiratet sind , und ich wünsche Ihnen beiden Reichtum, ein langes Leben und großes Glück", fügte er hinzu und verneigte sich sehr tief, die Lampe in der Hand.

Honor verließ die Hütte mit außerordentlich erhobenem Kopf, kletterte das Ufer hinauf und schritt in empörtem Schweigen in rasantem Tempo die Reihe entlang.

Sie wahrte nun einen beträchtlichen Abstand zwischen sich und ihrer Eskorte; Zweifellos gewöhnten sich ihre Augen an das schwache Licht, und auf jeden Fall lag etwas in ihrer Luft, das ihn daran hinderte, ihm einen Arm oder eine Hand anzubieten. Trotz der kürzlichen Szene, in der sie beide Schauspieler waren, in der er die Haare gestutzt und Gips geschnitten hatte und sie am selben „Fall" Verbände und spärliche Heilmittel angelegt hatte, rückten sie nicht näher zusammen; im Gegenteil, sie waren viel weiter voneinander entfernt als während des ersten Teils ihres Spaziergangs, und die Vertraulichkeiten der jungen Dame hatten jetzt völlig aufgehört. Sie beschränkte sich ausschließlich auf ein paar kurze Bemerkungen über den Patienten und das Klima, Bemerkungen im Abstand von zehn Minuten, und ihre Antworten auf seine Beobachtungen beschränkten sich auf „Ja" und „Nein". Endlich wurde der Bahnhof Okara erreicht; und um die Wahrheit zu sagen, es war keinem von ihnen leid, ihr *Tête-à-Tête* zu Ende zu bringen. Die blendenden Lichter auf dem Bahnsteig ließen ihre Augen blinzeln, als sie sich auf den Weg zum allgemeinen Erfrischungsraum machten und ihn leicht durch die vielen fröhlichen Stimmen entdeckten, die sich offenbar die etwas begrenzten Möglichkeiten zunutze machten.

Es war keine sehr große Wohnung, aber sie war voll. Der Tisch war mit einer dünnen einheimischen Tischdecke bedeckt, zwei große Lampen mit Punkah-Tops und zwei Menagen und ein amerikanischer Eiskrug standen in formellen Abständen in der Mitte. Es war von Menschen umgeben, die aßen, tranken und redeten. Am anderen Ende saß Kapitän Waring, an beiden Händen gestützt von seinen beiden schönen Begleitern, drei Männern – jungen und lauten Männern, die sie offenbar kannten – und einer adretten, älteren Frau, die über die Gesellschaft unsäglich schockiert aussah und sich demonstrativ abgewehrt hatte von Mrs. Bellett mit einer Teekanne und einer Weinkarte. Die Freunde von Kapitän Waring hatten keinen Tee getrunken (wie die Champagnerflasche bezeugte). Auch die Zunge, der Kuchen und die Früchte hatten offensichtlich besondere Zeichen ihrer Wertschätzung erhalten. Mrs. Bellett setzte ihre lange Brille auf und musterte das Paar, das nun eintrat, eingehend.

„Hallo, Mark! Was für ein Alter seid ihr doch!" rief sein Cousin. „Wir können an dieser Ecke Platz machen – komm mit, alter Mann."

Mark und sein Begleiter befanden sich in den beiden Ecken am Ende des Tisches und waren für einen Moment der Blick aller Augen.

Wenige Sekunden später, sobald man sich um die Neuankömmlinge gekümmert und ihnen die Essensreste gegeben hatte, setzte die Gesellschaft ihr unterbrochenes Gespräch mit verdoppelter Lebhaftigkeit fort. Sie schienen sich alle gut zu kennen. Kapitän Waring hatte sich offensichtlich in einen alten Freundeskreis verliebt. Sie diskutierten über Menschen und Orte – die den anderen fremd waren – und Mrs. Bellett war besonders lebhaft und lachte ununterbrochen – hauptsächlich über ihre eigenen Bemerkungen.

„Und Lalla Paske geht also zu ihrer Tante Ida? Ich dachte, Ida Langrishe *hasste* Mädchen. Ich frage mich, ob sie in der Lage sein wird, mit ihrer Nichte klarzukommen, und was für eine Begleitperson sie sein wird?"

„Eine großartige Sache, würde ich sagen", antwortete ein Mann in einem Anzug wie ein Tor mit fünf Gitterstäben – „nach dem Prinzip: Setze einen Dieb ein, um einen Dieb zu fangen."

„Und die alte Mutter Brande oben in Shirani erwartet auch eine Nichte. Was für ein Spaß es wird! Welche Rivalität zwischen ihr und Ida! Was für eine Ehemannjagd, welche Intrigen und welche Heiratsvermittlung! Es wird so gut sein wie eines von Oscar Wildes Stücken. Es tut mir ziemlich leid, dass ich nicht dabei sein kann. Ich werde die Leute dazu bringen, mir zu schreiben – Sie zum Beispiel, Captain Waring", und sie nickte ihm gnädig zu.

Mark bemerkte, dass seine Begleiterin, die Wasser getrunken hatte (verblendetes Mädchen – Bahnhofswasser), hastig ihr Glas abstellte und ihren Blick auf Mrs. Bellett richtete. Niemand konnte sie *jetzt blass nennen* .

„Ich frage mich, wie Mrs. Brandes Nichte sein wird?" sagte ihre Schwester gedehnt. „Ich frage mich, ob sie, wie ihre Tante, im häuslichen Dienst gearbeitet hat. Er, er, er!" sie kicherte affektiert.

Es gab ein allgemeines Gelächter, in dessen Mitte eine klare, hohe Stimme zu hören war:

„Wenn Sie es besonders wissen möchten, kann ich *diese* Frage beantworten." Es war das blasse Mädchen, das sprach.

Mrs. Coote funkelte sie nur an, zu erstaunt, um eine Silbe hervorzubringen.

„Mir war nicht bewusst, dass meine Tante jemals im Haushalt gearbeitet hatte; aber ich kann dir sofort alle Sorgen um mich selbst nehmen. Ich habe mich noch nie in irgendeiner Situation befunden, und *das* ist die nächste Annäherung an die Dienstbotenhalle, die ich je gemacht habe!"

Wenn die Lampe vor ihnen plötzlich explodiert wäre, hätte die allgemeine Bestürzung kaum größer sein können. Mrs. Bellett keuchte wie ein frisch gelandeter Fisch; Kapitän Waring, purpurrot vor unterdrücktem Lachen, suchte vergeblich nach einer passenden und beruhigenden Bemerkung, als die Tür vom Wachmann zurückgeschleudert wurde und heulte:

„Nehmen Sie Ihre Plätze ein – nehmen Sie bitte Ihre Plätze ein, Passagiere mit der Cawnpore-Post."

Zweifellos war der Zug noch nie zu einem günstigeren Zeitpunkt angekommen. Die Gesellschaft erhob sich einmütig, schob ihre Stühle zurück, schnappte sich ihre Pakete und eilte hastig aus dem Raum, wobei sie Honor und ihre Eskorte *ganz* allein zurückließen.

„Wenn das Exemplare von Engländerinnen in Indien sind", rief sie aus, „geben Sie *mir* die Gesellschaft der Eingeborenen; das liebe alte Geschöpf in der Hütte war viel mehr eine Dame."

„Oh, Sie dürfen nicht nach Mrs. Bellett urteilen! Ich bin sicher, sie muss einzigartig sein. So jemanden wie sie habe ich bisher noch nie gesehen", bemerkte er tröstend.

„Ich habe dir gesagt", wurde ruhiger und erhob sich, während sie sprach, „dass ich meinen Mund nicht halten konnte." Ich kann *nicht* schweigen. Sie sehen, ich habe keine Zeit verloren – ich habe bereits begonnen. Natürlich wäre es das Richtige für mich gewesen, still zu sitzen und keine Bemerkung zu machen, anstatt eine Bombe in das Lager des Feindes zu schleudern. Ich habe mich und dich blamiert; Sie werden sagen: „Böse Kommunikation verdirbt gute Manieren." Ich kann leicht eine Kutsche finden. Ah, hier ist mein Schatz an Chuprassi. Sie waren äußerst freundlich; aber deine Freunde warten auf dich, und es wäre wirklich besser, wenn du dich nicht länger mit mir sehen ließest."

Sie war sehr groß; und als sie sich aufrichtete, waren ihre Augen fast auf Augenhöhe. Sie sah ihn direkt an und streckte ihm mit einem etwas gezwungenen Lächeln die Hand entgegen.

Er lächelte auch, als er antwortete: „Ich halte es unter allen Umständen für eine Ehre, mit Ihnen gesehen zu werden, und ich werde Sie auf jeden Fall verabschieden." Unser Zug fährt erst in fünf Minuten ab. Ein Damenabteil, nehme ich an, und *nicht* bei Mrs. Bellett?"

Sie gingen langsam den Bahnsteig entlang, an der Kutsche vorbei, in der Mrs. Bellett und ihre Schwester mit viel schriller Heiterkeit ihre Tiere und Pakete arrangierten.

Miss Gordon hatte das Glück, sich ein Abteil für sich zu sichern – die dumme Chuprassi plapperte und gestikulierte, während der Sahib ihren dürftigen Vorrat an Habseligkeiten abgab. Als der Zug wegfuhr, lehnte sie sich aus dem Fenster und nickte lächelnd zum Abschied.

Wie gut sah er aus, als er mit abgenommenem Hut unter der Lampe stand! Wie nett er zu ihr gewesen war – genau wie ein Bruder! Sie zog sich mit einem langen Atemzug zurück, das war fast ein Seufzer, als sie sich sagte: „Natürlich werde ich ihn nie wieder sehen."

KAPITEL XIII.
TOBY FREUDE.

Brief von Frau Brande, Allahabad, an Pelham Brande, Esq., Shirani:—

" LIEBER P.

„Sie ist gestern angekommen, Sie können uns also am Samstag erwarten. Schicken Sie Nubboo am Donnerstag zum Nath Tal Dak Bungalow, um unser Abendessen zu kochen, und erlauben Sie ihm nicht *mehr* als *sechs* Kulis und *ein* Pony. Honor scheint die Hitze sehr zu spüren, obwohl sie dünn und nicht so dick ist wie ich. Auf den ersten Blick muss ich Ihnen sagen, dass ich *furchtbar* enttäuscht war. Als ich sie aus dem Eisenbahnwaggon steigen sah, ein großes Mädchen in einem zerknitterten weißen Kleid, mit einem scheußlichen Bazar-Topee und ohne Puggaree – ihr Gesicht war sehr blass und voller Schmutz, war ich kurz davor, in Tränen auszubrechen. Sie sah auch sehr nervös und überrascht aus. Allerdings sagte ich natürlich nichts, sie sollte nicht wissen, dass ich nach der *Hübschen gefragt hatte* , und wir fuhren in höchst schlechter Stimmung zurück zu den Hodsons. Sie war müde, der Zug hatte eine Panne und alle mussten mitten in der Nacht aussteigen und kilometerweit laufen. Nach einer Weile, als sie ihren Tee getrunken, ein Bad genommen, sich wirklich gut ausgeruht und sich umgezogen hatte, erkläre ich, dass ich dachte, es sei eine andere Person, als sie das Zimmer betrat. Ich fand sie ungewöhnlich gutaussehend und nach fünf Minuten schien sie wirklich hübsch zu sein. Sie hat ein schönes Lächeln, dazu passende Zähne und schöne Augen, und wenn sie spricht, leuchtet ihr Gesicht wunderbar auf. Ihr Haar ist braun, einfach braun, ohne Farbe, aber sehr dick und fein. Ich weiß, dass Sie von ihrem Teint furchtbar enttäuscht sein werden, denn Sie waren so jemand, der schöne Haut bewunderte. Sie hat *überhaupt keine* .

„Nur eine blasse, klare Farbe und nicht mehr, aber ihre Figur ist wunderschön. Tatsächlich fällt mir jedes Mal, wenn ich sie ansehe, etwas Neues auf; mal ihr Nacken, mal ihre Ohren – alles nur so viele Modelle. Sie ist natürlich ein wenig schüchtern und seltsam, aber einfach und leicht zufrieden; und hat, Gott sei Dank, keine *großen Allüren* . Ich brachte sie zu Madame Peter (so nannte sie sich selbst Pierre), um ein paar Kleider für Dinnerpartys zu bestellen. Ich dachte an einen gemusterten gelben Satin und einen rubinroten Plüsch, da sie dunkel war; aber sie wollte nichts davon *hören* und nahm nur ein paar Wattestäbchen mit. Ich kann sehen, dass sie ihre eigene Kleidung auswählen möchte und dass sie auch gerne bei *meiner* mitreden möchte ; und weiß viel über Kleidung und Mode und ist geschickt im Anfertigen von Kleidungsstücken (ich vergesse immer, ob es zwei „L" gibt, aber das macht Ihnen nichts aus). Sie sagt, dass sie gern tanzt und Tennis spielt, aber weder reiten noch singen kann, was schade ist.

„Sie hat eine Geige mitgebracht und sie *spielt* darauf“, erzählt sie mir. Es erinnert *mich* an einen blinden Bettler mit einem Hund für Kupfermünzen, aber die Hodsons sagen, zu Hause sei alles in Ordnung; Sie bewundern Honor ungemein.

„Ich nehme an, Mrs. Langrishes Mädchen ist angekommen. Ich habe gehört, dass sie nicht größer als sechs Pence oder halber Pence ist, aber der *größte Flirt* in Indien.

„Mit freundlichen Grüßen
“ , SARABELLA BRANDE .

„PS – ich hoffe, Ben geht es gut und er wird sie mögen.“

Auch Honor hatte nach Hause geschrieben, ihre Ankunft angekündigt, sich über die Freundlichkeit ihrer Tante geäußert und das Beste aus allem gemacht, wohl wissend, dass lange Auszüge aus ihrem Brief neugierigen Freunden vorgelesen würden. Sie hatte schreckliches Heimweh, als sie ihren fröhlichen Brief schrieb. Wie sehr wünschte sie, sie könnte sich in den Umschlag stecken und sich wieder in diesem hellen, aber verblassten Wohnzimmer mit seinen tiefen Fensterbänken, gemütlichen Stühlen und dem klingelnden Bauernklavier wiederfinden. Jede Vase und Schüssel wäre vollgestopft mit Frühlingsblumen. Jessie schenkte Tee ein, während ihre Mutter ihren Besuchern erzählte, dass sie einen schönen langen Brief von Honor erhalten hatte, der von Indien begeistert war und so glücklich war, wie der Tag lang war!

Sie achtete besonders darauf, dass ihre Tränen nicht auf das Papier fielen, als sie diesen betrügerischen Erguss niederschrieb. Es war schrecklich, kein bekanntes Gesicht oder Objekt zu sehen. Diese neue Welt sah so weit und so seltsam aus. Sie fühlte sich verloren in dem riesigen Schlafzimmer, in dem sie schrieb – mit seinen kahlen, hohen Wänden, dem verfilzten Boden und dem knarrenden Punkah. Ein unscheinbarer Hund aus dem Stall hatte sich hinter eines der Türküken geschlichen. Sie rief dorthin, begierig darauf, Freunde zu finden. Sicherlich waren Hunde auf der ganzen Welt Hunde! – aber das Wesen verstand nicht, was sie sagte, starrte sie nur fragend an und schlich davon. Als sie in der Kühle des Abends in Mrs. Hodsons geräumigem Landau über die breiten, bepflanzten Straßen von Allahabad fuhr, erlebte sie viele neuartige Anblicke und beobachtete, wie die Bheesties den glühend weißen Staub wässerten, der tatsächlich zu dampfen und zu brodeln schien; sie sah rasselnde Ekkas, vollgestopft mit Passagieren und gezogen von einem böse aussehenden, misshandelten Pony; Pfleger auf trabenden Kamelen; dicke einheimische Herren in Broughams, schlanke und blasse englische

Sahibs in Hundekarren. Es war extrem warm; Die sogenannte „Abendbrise"
bestand aus heißen Windstößen mit einem Hauch Sand. Die meisten
Allahabad-Damen waren bereits auf den Hügeln.

Frau Brande war eine viel zu erfahrene Anglo-Inderin, um die Weisheit einer
bequemen Reise nicht zu schätzen. Sie hatte ihre eigenen Bediensteten im
Dienst und jede Menge Kissen, Fächer, Eis, Obst und Eau de Cologne; Es
liegt *ihr fern* , nur mit einer Handtasche und einem Sonnenschirm zu reisen!

Honor saß in einer bequemen Ecke, mit mehreren Daunenkissen im Rücken
und einem Buch auf dem Knie, und starrte auf die ungewohnte Aussicht, die
langsam an den Kutschenfenstern vorbeizugleiten schien. Hier war ein
anderes Land als das, das sie bereits durchquert hatte: Große Gebiete mit
Getreide, Mohn und Zuckerrohr deuteten auf die Hauptprodukte des
Nordwestens hin. Sie war entschlossen, alles zu sehen und zu notieren –
sogar die weißen Wasservögel und die langbeinigen Kraniche, die sich in den
Sümpfen herumtrieben –, um im nächsten Heimatbrief alle Einzelheiten
niederschreiben zu können.

Als sie durch das Terai – diesen atemlosen Dschungelgürtel – fuhren,
zeichneten sich die blauen Hügel deutlich ab. Schließlich hielt der Zug an
einem Bahnsteig fast vor ihnen an, und eine Phase der Reise war zu Ende.

Honor konnte nicht umhin, ihre Tante zu bewundern, als sie mit einer Miene
heraustrat, die verriet, dass sie nun die Monarchin über alles war, was sie sah
(sie war in einen cremefarbenen Staubumhang und einen dazu passenden
Topee gehüllt und sah aus wie ein riesiger Champignon).). Sie erledigte
kurzzeitig lärmende Kulis, gab ihren Begleitern in energischem Hindustani
Befehle und ging voran zum hinteren Teil der Station, wo eine Ansammlung
langer, offener Kisten stand – jede Kiste hatte einen Sitzplatz und war an
zwei Stangen festgebunden – und alle versammelten sich inmitten eines
wahnsinnigen Lärms und Akzenten einer unbekannten Sprache.

„Wir gehen in diesen Jampans", erklärte Frau Brande energisch. „Steigen Sie
ein, Honor, und ich packe Sie ein; Binde deinen Schleier um, lege deinen
Teppich über deine Knie, und du wirst es sehr bequem haben."

Aber Honor empfand genau das Gegenteil, als sie sich plötzlich auf den
Schultern der Männer wiederfand und schnell im Kielwasser ihrer Tante
davongetragen wurde, die unter ähnlichen Umständen vollkommen zu
Hause zu sein schien.

Eine Zeit lang folgten sie einer breiten, asphaltierten Straße, die von großen
Waldbäumen gesäumt war, dann gingen sie über eine Drehbrücke einen
schmalen, steilen Pfad hinauf, der sich durch den Wald schlängelte und über
das felsige Bett eines fast ausgetrockneten Flusses hinausragte. Dieser
sogenannte Reitweg schlängelte sich kilometerweit um die Hügel, jede

scharfe Kurve schien sie höher zu bringen; Einmal trafen sie auf eine Herde Packponys, die auf ihrem Rückweg in die Ebene donnerten, elende, dünne kleine Tiere, die scheinbar nie Zeit zum Essen hatten – oder, wenn sie Muße *hatten , überhaupt nichts zu essen* . Mrs. Brande und ihre Gruppe trafen nur wenige Leute, außer gelegentlich einem breitschultrigen Kuli, der mit einer riesigen Last auf dem Rücken nach oben kämpfte und wie ein moderner Atlas aussah. Einmal kamen sie an einem flotten einheimischen Mädchen vorbei, das wie ein Mann auf einem Pony ritt und mit ihren Gefährten Spott und Schlagworte austauschte, und einmal trafen sie einen Europäer – einen jungen Mann in Flanellhemd und Blazer, der mit halsbrecherischer Geschwindigkeit heruntertrappelte und singte mit voller Stimme: „Slattery's Mounted Foot" – ein lockiger, sonnenverbrannter, fröhlicher junger Mann, der mit seinem Gesang und seinem Pferd aufhörte, sobald er Mrs. Brande erblickte.

"Hallo!" er schrie. "Willkommen zurück! Begrüße das Kommende. Speed", legte seine Hand auf sein Herz, „der Abschiedsgast."

"Wo willst du hin?" fragte die Dame gebieterisch.

„Nur bis zum Bahnhof. Wir veranstalten große Theateraufführungen; und trotz Kulis, Nachrichten und wütender Briefe wurde keines unserer Besitztümer weitergeleitet, und ich begann zu vermuten, dass der Baboo sein eigenes Theaterstück spielen könnte, und ich gehe hinunter, um nach ihm zu suchen. Habe ich keine Energie? Verdiene ich nicht einen öffentlichen Dank?"

„Puh! „Ihre Reise ist nichts wert", rief Frau Brande mit großer Verachtung. „Na ja, ich war in Allahabad, wo das Thermometer 95° im Schatten liegt."

„Ja, bei all der Hitze und für ein weitaus würdigeres Ziel", blickte er Honor an. „Sie können sich auf mich verlassen, ich werde dafür sorgen, dass Sie für einen DSO empfohlen werden."

„Was bist du doch für ein unverschämter Junge!" erwiderte die Oberin; Und als sie den Kopf halb drehte, sagte sie zu ihrem Begleiter: „Ehre, das ist Mr. Joy – er ist *ziemlich* verrückt. " Mr. Joy, das ist meine Nichte, Miss Gordon, gerade aus England gekommen" (ihre unveränderliche Formel).

Mr. Joy fegte von seinem Topee zu seinem Sattelbogen.

„Und was gibt es Neues?" fuhr Frau Brande fort. „Ist Mrs. Langrishes Nichte hochgekommen?" sie fragte energisch.

„Ja, bin vor zwei Tagen angekommen – der Frühaufsteher, wissen Sie", fügte er mit einem boshaften Augenzwinkern hinzu.

„Ich verstehe nicht; und jeder weiß, dass der Wurm ein *Narr war* . Wie ist sie?"

„Wie eine Fee und dazu passende Tänze", antwortete Herr Joy begeistert.

"Komm, komm; Was weißt du über Feen? Ist sie hübsch?"

„Ja, und voller Leben, und los, und schick."

"Wange! *Das* überrascht mich nicht , da sie Mrs. Langrishes eigene Nichte ist."

„Chic ist ein französisches Wort, wissen Sie nicht? und bedeutet – nun, ich kann es nicht genau erklären. Wie auch immer, Miss Paske wird eine tolle Anschaffung sein."

"Wie?"

„Oh, das werden Sie bald selbst beurteilen können. Sie verhält sich erstklassig und spielt Banjo wie ein Engel."

„Was für einen Unsinn du redest, Toby Joy! Wer hat jemals von einem Engel gehört, der etwas anderes als einen Arp spielt?

„Übrigens, Miss Gordon", sagte Toby und drehte sich plötzlich zu ihr um, „ich hoffe, Sie handeln."

"NEIN; Ich habe noch nie in meinem Leben gespielt."

„Oh, das ist nichts! Alle Frauen sind geborene Schauspielerinnen. Dann singen Sie doch doch – Sie haben doch ein singendes Gesicht?"

„Es tut mir leid, sagen zu müssen, dass mein Gesicht mich in diesem Fall Lügen straft."

„Na ja, jedenfalls", mit einem Ausdruck der Verzweiflung, „könnten Sie in einer Burleske tanzen?"

„Geh weg!" schrie Frau Brande. „Tanzen Sie in einer Burleske! Ich bin froh, dass ihre Mutter dich nicht hört. Kümmere dich nicht um ihn, Honor; Er ist verrückt nach Schauspiel und Tanz und denkt an nichts anderes."

„Viel Arbeit und keine *Theaterstücke* machen Jack zu einem langweiligen Jungen", erwiderte er.

„Wer ist noch oben?" forderte Frau Brande streng.

„Oh, das übliche Set, glaube ich. Lloyds, Clovers, Valpys, Dashwoods, eine Signalklasse, ein Standing Camp, ein Baronet; Auf halbem Weg gibt es auch einen Millionär. Im Nath Tal Dâk Bungalow finden Sie einen Burschen namens Waring – er war einst im Militärdienst und ist jetzt für jede Menge Geld hierhergekommen. Er ist im Großen und Ganzen ein Gentleman, der sich sehr für Rennen und Sport interessiert. Ich gehe davon aus, dass er bei uns wohnen wird."

„Dann ist er nicht verheiratet?" sagte Frau Brande in einem Tonfall ungekünstelter Zufriedenheit.

„Nicht er! Vergiss den Gedanken! Er hat einen Begleiter, einen jungen Burschen, den er mitnimmt, eine Art Mitläufer und armer Verwandter."

"Wie ist er? Natürlich meine ich den Millionär?"

„Oh, *natürlich* ", mit einem freundlichen Nicken; „Fröhlicher, gutaussehender Kerl, das wäre ein 1A-Romanheld."

Mrs. Brande warf Honor einen schnellen Blick zu und seufzte leise zufrieden, als sie ausrief:

„Nun, ich denke, wir sollten weitermachen."

„Ja, denn der Bungalow ist vollgestopft mit Tommies und ihren Frauen. Schenk dem Millionär meine Liebe. Au revoir, Frau Brande. *Au revoir* , Miss Gordon. Du wirst über die Burleske nachdenken und uns irgendwie helfen, nicht wahr?" und mit einer abschiedenden Handbewegung lief er davon.

„Er ist ein harmloser Wahnsinniger, mein Lieber", erklärte die Tante ihrer Nichte, während sie Seite an Seite vorwärts getragen wurden. „Denkt an nichts anderes als Schauspielerei und ist mit seinem Colonel immer in Schwierigkeiten; Aber niemand ist jemals wirklich böse auf Toby, er ist so ein kleiner Junge."

„Er muss dreiundzwanzig sein und –"

„Sehen Sie sich das Gepäck direkt vorn an", unterbrach Mrs. Brande aufgeregt. „Das müssen Captain Warings Kulis sein", und zu Honors Erstaunen rief sie gebieterisch Halt und befragte sie scharf.

„Ja, für einen Sahib – zwei Sahibs in Nath Tal", grunzten die Bergmänner.

„Was für eine Menge", rief sie und ließ jede Ladung schamlos in feierlicher Betrachtung durchgehen. „Sehen Sie, was für eine schöne Toilettentasche und ein Tiffin-Korb. Ich glaube", schätze ich, „nicht weniger als fünf Handkoffer, alle aus massivem Leder, Captain C. Waring; Und schauen Sie sich die Waffenkoffer an, und diese große Kiste zwischen zwei Männern ist Sattlerware – ich kenne die Form."

„Oh, Tante Sara, meinst du nicht, wir sollten weitermachen?" drängte ihr Begleiter. „Wir halten seine Männer auf."

„Mein liebes Kind, lerne wissen, dass es für einen Kuli *nichts* Schöneres gibt, als aufgehalten zu werden. Es gibt keine Eile und ich interessiere mich wirklich für diesen jungen Mann. Ich möchte sehen, wo er war, woher er kommt." Als Antwort auf einen zwingenden Satz in einer Sprache, die Honor nicht kannte, drehte ein grinsender Kuli, an dem ein Koffer befestigt war, den Rücken zu, damit Mrs. Brande sie aufmerksam inspizieren konnte.

Es stellte sich heraus, dass es mit Etiketten bedeckt war, und sie las mit viel Salbung und zu Ehren von Honor vor:

„Victoria – das ist New South Wales – Paris, Brindisi, Bombay, Poonah, Arkomon, Kalkutta, Galle, Lucknow. Segne uns und rette uns, er hat im Government House in Kalkutta übernachtet und die halbe Welt bereist! Sehen Sie, was es heißt, Geld zu haben!" und sie gab ihren Hosen ein Zeichen, ihre Reise fortzusetzen. Plötzlich kamen sie an zwei weiteren Kulis vorbei, leicht beladen mit einer eher dürftigen Ausrüstung; Sie hielt es nicht für nötig, sie in Frage zu stellen.

„Das sind die Sachen der Cousine", erklärte sie verächtlich, „MJ, der Mitläufer. Schrecklich schäbig, nur eine Tasche und ein paar Kartons. Man merkte, dass der Besitzer ein armer Mann war."

Honor antwortete nicht. Sie begann zu glauben, dass sie diesen armen jungen Mann schon einmal gesehen hatte oder dass es sich um zwei Cousins handelte, die aus Gründen der Reise zusammen reisten, was in Indien häufig vorkommt. Es würde sie nicht sonderlich überraschen, wenn ihr Begleiter auf diesem drei Meilen langen Spaziergang im Nath Tal Bungalow auf sein dünnes Gepäck wartete.

Als Frau Brande nach oben getragen wurde, schien sich ihre Stimmung gleichzeitig mit ihrem Körper zu erheben. Sie stand kurz davor, Bekanntschaft mit einem Millionär zu machen, und konnte seine Freundschaft bequem pflegen, ungestört von den Machenschaften ihres listigen Rivalen. Sie würde ihn einladen, für die zwei Tage, die sie gemeinsam reisen würden, ihr Gast zu sein, und auf diese Weise Mrs. Langrishe (im wahrsten Sinne des Wortes) einen schönen langen Vorsprung verschaffen!

KAPITEL XIV.
Einen Marsch stehlen.

Als die Sonne unterging, stieg der Mond über den Hügeln auf und beleuchtete die Reisenden auf einem Pfad, der sich an den Ufern eines unregelmäßigen Bergsees entlang schlängelte und von einer Vielzahl blühender Kirschbäume überragt wurde.

"Sehen!" rief Frau Brande freudig, „da vorn sehen Sie endlich die Lichter des Dâk-Bungalows." Sie werden sich über Ihr Abendessen freuen, und ich bin mir sicher, dass *ich das* auch tun werde."

Zwei Männer, die auf der Veranda desselben Rasthauses saßen, wären ebenfalls sehr dankbar dafür gewesen. Das heruntergekommene Gebäude schien voller Soldaten und ihrer Frauen zu sein, und es schien keine unmittelbare Aussicht auf eine Mahlzeit zu geben. Die Küche war vom majestätischen Koch eines Burra Mem Sahib in Besitz genommen worden, der in Kürze erwartet wurde, und der Appetit einiger unbedeutender Fremder musste daher gezügelt werden.

Bei diesen Reisenden handelte es sich natürlich um Captain Waring und Mark Jervis, die Ersterer stets als „seinen Cousin" bezeichnete. Es war ein passender Titel und bezeugte ihre enge Kameradschaft. Zuerst war Mark geneigt gewesen, diese Aussage zu korrigieren und zu murmeln: „Nicht Cousins, sondern Verwandte", wurde aber von Clarence zum Schweigen gebracht, indem er gereizt ausrief:

„Cousins und Verwandte sind dasselbe. Wen interessiert es schon, was wir sind? Und was nützt es, sich die Mühe zu machen?"

„Ich bin fast verrückt vor Hunger", stöhnte Kapitän Waring. „Ich habe zehn Stunden lang nichts außer einem hartgekochten Ei gegessen."

„Rauchen Sie, wie die Indianer es tun", schlug sein Kamerad gefühllos vor, „oder machen Sie ein paar Löcher in Ihren Gürtel." Ein bisschen Hungern kann dir jedenfalls nicht schaden – du wirst dick."

„Ich frage mich, ob diese gute Dame uns ein Abendessen anbieten würde, wenn ich mit einem Schild um den Hals, auf dem stand: ‚Ich bin am Verhungern', auf der Treppe sitzen würde? Der Hunger ist schon schlimm genug, aber der köstliche Geruch ihres gebratenen Hammelfleischs verschlimmert meine Schmerzen."

„Du musst dich nur zeigen, und sie wird dich einladen."

„Woher wissen Sie das und warum wecken Sie auf grausame Weise meine Hoffnungen?“

„Weil ich gehört habe, dass sie die Seele der Gastfreundschaft ist und dass sie die beste Köchin auf den Hügeln hat.“

„Darf ich fragen, wie Sie diese wirklich wertvolle Information entdeckt haben?“

„Von dem Harum-Scarum-Jugendlichen, der heute Nachmittag verstorben ist. Er hat vergessen, ihren Namen zu erwähnen.“

„Hier kommt sie am Wehr vorbei“, unterbrach Waring. „Beachten Sie die Aufregung unter den Dienern – *ihr* Essen wird auf die Minute genau fertig sein. Sie muss wirklich eine großartige Frau sein und hat sich bereits meinen Respekt verdient. Wenn sie mich zum Abendessen einlädt, werde ich sie lieben. Was sagst du, Mark?“

„Oh, ich denke, wenn du es so ausdrückst, dürfte es mir leichter fallen, die junge Dame zu lieben!“

„Ich dachte, du scheust dich vor jungen Damen; und man muss Katzenaugen haben, wenn man aus dieser Entfernung eine sehen kann.“

„Ich kann meine Ohren gebrauchen und habe nichts anderes zu tun, als meine Aufmerksamkeit auf das zu konzentrieren, was offensichtlich die *einzige* Mahlzeit des Abends sein wird. Ich hörte, wie der Koch dem Khitmatghar sagte, er solle einen Platz für die ‚Miss Sahib‘ bereithalten.“

„Was für eine Sache ist es, aufmerksam zu sein!“ rief Kapitän Waring. „Und hier sind sie. Von George! Sie *ist* ein Schwergewicht!“ in Anspielung auf Mrs. Brande, die nun mit einer Müllkippe im Stich gelassen wurde, drückte das eine ganze Menge Erleichterung aus.

Die Dame stieg mit langsamen und festen Schritten die Veranda hinauf, warf einen schnellen Blick auf das hungernde Paar und ging in ihr eigenes wohlgewärmtes Zimmer, wo ein ordentlich gedeckter und mit Kirschblüten geschmückter Tisch auf sie wartete.

„Legen Sie zwei weitere Plätze bereit“, waren ihre ersten Befehle an den salaaming Khitmatghar; dann zu ihrer Nichte: „Ich werde diese beiden Männer zum Abendessen einladen.“

„Aber du kennst sie nicht, Tante Sara!“ sie protestierte eher schüchtern.

„Ich kenne sie, und das reicht in einem Dâk-Bungalow völlig aus. Wir sind nicht so steif wie Sie in England; wir alle befinden uns sozusagen in der hier dargelegten Fassung; und ich bin mir sicher, dass Captain Waring dankbar sein wird, sich uns anzuschließen, es sei denn, er ist ein geborener Idiot. In diesem Bungalow gibt es außer Kerzen und Marmelade nichts. Ich weiß es aus alter Zeit. Wer vorbeigeht, ist wie ein Heuschreckenschwarm und lässt nichts zurück als leere Dosen und Flaschen. Jetzt kann *ich* ihm Keulenhammel und Champagner geben."

Nachdem sie ihr Kleid sorgfältig arrangiert, ihre beiden besten Diamantringe aufgesetzt und eine blaue Mütze (Anmerkung: Blau war schon immer ihre Farbe) aufgesetzt hatte, segelte Mrs. Brande auf die Veranda hinaus und redete so die Fremden an:

„Ich würde mich sehr freuen, wenn Sie beide Herren mit mir in meinen Zimmern speisen würden."

„Sie sind wirklich zu gut", erwiderte Kapitän Waring, sprang auf und machte eine etwas übertriebene Verbeugung. „Wir werden uns freuen, denn es scheint keine Aussicht zu geben, dass wir vor morgen etwas zu essen bekommen."

„Sie werden in weniger als fünf Minuten etwas zu essen haben", war Mrs. Brandes beruhigende Antwort, als sie zu ihrer eigenen Wohnung ging.

„Das", sie winkte Honor zu, „ist meine Nichte, Miss Gordon, gerade aus England zurückgekommen." Ich bin Mrs. Brande – mein Mann ist im Rat."

„Wir hatten das Vergnügen, Miss Gordon schon einmal zu treffen", sagte Kapitän Waring; „Das wird nicht das erste Mal sein, dass wir am selben Tisch sitzen", und er blickte sie mit verschmitzter Bedeutung an.

„Ja", zögerte Honor mit erhöhter Farbe, als sie sich verneigte und Mark die Hand schüttelte. „Das ist der Herr, von dem ich dir erzählt habe, Tante Sara, der mich gerettet hat, als ich allein im Zug zurückgelassen wurde."

"Ah! „In der Tat", sagte Mrs. Brande, setzte sich, während sie sprach, und entfaltete absichtlich ihre Serviette, „ich bin ihm sicher sehr dankbar", aber sie wünschte insgeheim, dass Honor bei dieser Gelegenheit mit seinem reichen Partner befreundet gewesen wäre .

„Lassen Sie mich ihn Ihnen vorstellen, Mrs. Brande – sein Name ist Jervis", sagte Kapitän Waring mit seiner fröhlichsten Miene. „Er ist jung, faul und unverheiratet. Mein Name ist Waring. Ich war in den Rutlands, aber ich habe den Gottesdienst vor einiger Zeit aufgegeben."

„Nun, jetzt wissen wir alles übereinander" (oh, verblendete Dame!) „Lassen Sie uns mit dem Abendessen beginnen", sagte Frau Brande. „Ich bin sicher, wir hungern alle."

Das Abendessen erwies sich als ausgezeichnet und beinhaltete Mahseer aus dem See, Wildente aus den Sümpfen und Keulenhammel. NEIN! Der „Koch" von Frau Brande war nicht überbewertet worden. Zuerst waren alle (vor allem die Gastgeberin und Clarence Waring) zu hungrig, um zu reden, aber nach einer Weile begannen sie, über das Wetter, die einheimischen Insekten und ihre Reise zu diskutieren – nicht in der förmlichen Art und Weise, die Briten auf ihren traurigen Reisen gewohnt sind – aber auf eine freundliche, heimelige Art und Weise, passend zu einer weiß getünchten Wohnung, mit dem Bett der Gastgeberin in einer Ecke.

Während sich die beiden Männer mit ihrer Nichte unterhielten, beäugte Frau Brande sie kritisch und „zog Bilanz", wie sie sich sagte. Kapitän Waring war ein Mann von fünf oder sechsunddreißig Jahren, gut gebaut und sah kriegerisch aus; Er hatte dunkles, kurzgeschnittenes Haar, kühne, fröhliche Augen und sah gut aus, obwohl er von der Sonne bis zu einer tiefen Bräune gebräunt war, und sein Gesicht hatte tiefe Falten – die auf seiner Stirn sahen aus, als wären sie nachgezeichnet und bis auf die Knochen geschnitten worden –, dennoch war es seine Gewohnheit Sein Gesichtsausdruck war so fröhlich und lebhaft wie der von Toby Joy selbst. Er wirkte äußerst wohlhabend (zweifellos hatte er sich nie in seinem Leben um Geld gekümmert), er trug seine Kleidung mit Leichtigkeit, sie passten ihm bewundernswert, seine Uhr, Nieten und Wäsche waren von bester Qualität; außerdem schätzte er ein gutes Abendessen, schien das Beste von allem als Selbstverständlichkeit zu akzeptieren und schaute sich intelligent nach Paprika und Soßen um, die glücklicherweise zur Verfügung standen.

„Der Begleiter", wie Mrs. Brande ihn im Geiste nannte, war ein jüngerer Mann, tatsächlich ein junger Mann von etwa zweiundzwanzig Jahren, gut gebaut, stämmig gebaut, mit guten Schultern und einem entschlossenen Mund und Kinn. Er trug einen Flanellanzug, eine silberne Uhr mit einer Lederkette und sah genau so aus, wie er war – ein fauler, armer Mitläufer!

Mrs. Brande verließ ihn, um mit Honor zu sprechen, und vernachlässigte ihn tatsächlich völlig, weil er sein wichtigerer Verwandter war. Ihre Nichte war sich insgeheim der Vorliebe ihrer Tante bewusst (und ärgerte sich darüber) und verdoppelte ihre Bemühungen, ihren beleidigten Mitreisenden zu unterhalten. Sie hatte auch ein Mitgefühl für ihn. Waren sie nicht beide abhängig – beide arme Verwandte?

„Nun, Captain Waring, Sie kommen also hoch, um Shirani zu besuchen?" sagte Frau Brande mit ihrer gnädigsten Miene.

„Ja, und ich möchte mich lieber an die alten Zeiten hier draußen erinnern und einen schönen, entspannten Sommer in den Bergen verbringen."

„Dann waren Sie den ganzen Winter in Indien?" (Die Inspektion seiner Ausrüstung behielt die schlaue Dame für sich.)

"Ja. Wir kamen im Oktober heraus. Hatte ein kleines Shooting in Travancore und verbrachte ein paar Monate in Kalkutta."

„Dann sind Sie dort vielleicht auf eine Miss Paske gestoßen? Allerdings gehe ich nicht davon aus, dass sie im Government House-Set mitspielte. Ihr Onkel ist ein Niemand.“

"Um sicher zu sein. Wir kennen Miss Paske, nicht wahr, Mark? Sie erinnerte stark an die Kulisse des Government House. Alle ADCs verehrten sie. Ein kleines Ding, mit zweifarbigem, flauschigem Haar und einem *Nez Retroussé* .

„Ich weiß nichts über ihre Nase oder Haare, aber sie ist jetzt in Shirani.“

„Das sagst du nicht! Ich freue mich, das zu hören. Sie macht riesigen Spaß!“

Mrs. Brandes Gesicht verfiel. Sie saß ein paar Sekunden da und zerkrümelte ihr Brot, dann sagte sie abwesend: „Haben Sie diese Affen auf dem Weg nach oben bemerkt?“

Sie hatte die eigenartige Angewohnheit, plötzlich von einem Thema zum anderen zu springen, im übertragenen Sinne, am entgegengesetzten Pol. Sie erklärte, dass sich ihre Ideen manchmal schneller verbreiteten als ihre Rede, möglicherweise hatte sie ihren eigenen, wenn auch schnellen Gedankengang und brachte Miss Paske daher möglicherweise mit Affen in Verbindung.

„Ja, Schwärme dieser alten grauen Kerle mit schwarzen Gesichtern. Ich nehme an, dass sie in Shirani einen fairen Club haben und den Whist-Room aufrechterhalten? Gibt es viele Männer, die spielen?“

„Nur zu viele. Ich bin kein Freund von Karten – zumindest von Glücksspielen. Ich liebe eine Partie Whist – ich spiele einen Half-Anna-Stempel auf dem Gummi, nur um es ein wenig interessanter zu machen.“

„Spielen sie bei Shirani hoch?“ fragte er mit einem Anflug von Ungeduld.

„Ja, ich glaube, das tun sie; und dieser schreckliche alte Colonel Sladen ist der Schlimmste von allen.“

"Was! ist er noch hier oben? Er spielte früher einen erstklassigen Belag.“

„Er wird alles spielen – hohe oder niedrige Einsätze –, egal ob tagsüber oder nachts – er bezahlt – seine Frau bezahlt“, schloss Mrs. Brande mit ziemlich wilder Miene.

„Oh, ist sie wieder draußen? Nette kleine Frau.“

" *Nochmal raus* ! Sie war noch nie zu Hause“, und sie fuhr fort, die Beschwerden dieser Dame detailliert darzustellen, während der wandernde Blick ihres Begleiters auf seinen Cousin und Miss Gordon gerichtet war.

Sie war ein bemerkenswert aussehendes, ja sogar faszinierendes Mädchen, ganz anders als er auf den ersten Blick den Eindruck von ihr hatte. Sie hatte ein strahlendes Lächeln, wunderbar ausdrucksstarke Augen (allein diese Augen machten sie schön und hoben sie völlig aus dem Alltäglichen hervor) und ein vornehmes Auftreten. Seltsam, dass sie mit dieser vulgären alten Frau verwandt sein sollte, und die vulgäre alte Frau ahnte kaum, wie ihre englische Nichte sie unterstützt hatte. Der Vollmond, der den See beleuchtete, lockte die ganze Gruppe ins Freie. Kapitän Waring unternahm einen grundsätzlich undankbaren (aber völlig vergeblichen) Versuch, mit seinem Freund Damen auszutauschen. Mrs. Brande forderte ihn jedoch lautstark auf, ihr beizustehen, während sie langsam zur Straße hinabschritt; und als er bei seinem Cousin seine Zigarre anzündete, murmelte er wütend unter seinem Schnurrbart:

„Ich nenne *das* tierisch unfair. Ich hatte die ganze Zeit zum Abendessen das alte Mädchen. Du hast sechs zu vier das Beste davon!"

Kapitel XV.
EIN STOLZER MOMENT.

Kapitän Waring beneidete seine Kameradin, die zusammen mit Miss Gordon ein paar Schritte vor ihm herschlenderte und die er im Geiste „seine alte Frau vom Meer" nannte. Sie hörte nie auf zu reden und konnte es nicht ertragen, ihn aus den Augen zu lassen. Die anderen schienen gut zurechtzukommen; Sie hatten einander viel zu sagen, und ihr häufiges Lachen erregte nicht nur seinen Neid, sondern auch sein Erstaunen.

Mark war kein Frauenheld; Diese Knappschaft der Damen war ein neuer Aufbruch. Eine solche Beschäftigung lag weit mehr in seinem Sinne, und nach allen Gesetzen der Sachlage sollte *er* an Marks Stelle sein – er würde im Mondlicht mit einem hübschen Mädchen an den Ufern dieses hübschen Bergsees entlangspazieren. Worüber redeten sie? Mark konnte Mädchen nie viel sagen – er lauschte, nicht aus dem unflätigen Wunsch, zuzuhören, sondern lediglich aus reiner freundlicher Neugier – er schenkte Mrs. Brandes Fragen kaum Beachtung und gab ihr mehrere irreführende Antworten.

„Sein Cousin hatte keinen Beruf – er war ein Gentleman – ja – sein *Schützling* – ja. Er selbst war ein Mann der Muße – ja." Ja ja ja; er sagte zu allem wahllos „Ja"; Es ist so einfach, „Ja" zu sagen!

„Es ist seltsam, dass wir uns auf derselben Reise zweimal begegnen", bemerkte Jervis zu seinem Begleiter.

„Wenn du mich nicht beim ersten Mal getroffen hättest, würde ich wohl immer noch in diesem Zug sitzen!"

"Ach nein; nicht ganz so lange."

„Du wirst deiner Tante nichts davon sagen –"

„Meine Güte, Miss Gordon! Glaubst du, ich sehe aus wie ein Verrückter?"

„Sehen Sie, ich habe eine so schreckliche Art, mit Dingen klarzukommen, dass ich mir vorstelle, dass das, was für *mich eine unwiderstehliche Versuchung darstellt* , für andere Menschen dasselbe sein könnte!"

„Meiner Meinung nach brauchen Sie keine Angst zu haben. Ich kann für mich selbst antworten, dass ich meinen Mund halten kann. Und wie geht es dir? Zählen Sie immer noch die Stunden bis zu Ihrer Abreise?" mit einem Hauch von schwulem Verhör.

"In der Tat nicht. Zuerst hatte ich schreckliches Heimweh; aber ich komme jetzt darüber hinweg."

Und nach und nach wurde sie dazu gebracht, von Jessies Geschichten, ihrem berühmten Maulbeerbaum und den verschiedenen urigen Charakteren der Gegend zu erzählen. Sicherlich gab es in der Szene einen okkulten Einfluss; Oder war es die offene Art und die angenehme Stimme dieses jungen Mannes, die ihr die Lippen öffnete? Es kam ihr so vor, als würde sie ihn schon lange kennen; Auf jeden Fall war er ihr erster Bekannter in Indien, und sie wiederholte sich noch einmal die tröstliche Tatsache, dass er auch ein armer Verwandter war – das allein war ein starkes Band der Sympathie. Während sie auf der schmalen Straße entlang des Sees von Nath Tal auf und ab gingen, lachten und unterhielten sie sich mit einer gegenseitigen Freude, die Kapitän Waring und Mrs. Brande (die nicht so glücklich zusammen waren) mit Bestürzung auf Seiten der Dame erfüllte. und Ekel auf Seiten des Herrn. Kapitän Waring hätte ihre Unterhaltung zweifellos bis zum letzten Grad langweilig gefunden; Es enthielt keine süßen Komplimente und nicht die geringste Würze von Gefühlen oder Flirts.

„Ich möchte Ihnen, meine Herren, ein Geschäft vorschlagen", sagte Mrs. Brande, bevor sie sich für die Nacht trennten. „Wir machen die gleichen Märsche und an den gleichen Ort; Gerne stelle ich das Kommissariat zur Verfügung, wenn Sie uns begleiten und beschützen. Was sagen Sie?" appellierte grinsend an Captain Waring.

„Meine liebe Frau, ich sage, dass wir mit Ihrem Angebot sofort abschließen; es ist alles in allem zu unseren Gunsten", war seine prompte Antwort.

Mrs. Brande strahlte noch strahlender. Es gab keinen Anlass, den anderen jungen Mann zu befragen.

„Dann werden wir davon ausgehen, dass alles geklärt ist; es ist eine Banderbüste", und sie nahm Honors Arm, nickte ganz herzlich „Gute Nacht" und zog sich in ihre eigenen Gemächer zurück.

Pünktlich um sechs Uhr am nächsten Tag begann die Party – die Männer auf kräftigen Bergponys, die Damen in Dandys. Was gibt es Schöneres als einen klaren Aprilmorgen an den unteren Hängen des Himalaya? Der See war still und lag halb im Schatten; der Tau glitzerte zwischen den Kirschblüten, als wären sie in Diamanten eingefasst; Die niedrigen, mit Binsen bedeckten Sümpfe waren übersät mit Viehherden, und die Tauben gurrten in den dichten Wäldern, die die nebligen blauen Ebenen überblickten. Die Reisenden trafen auf viele Gruppen von Bergbewohnern, die weiter unten in den bewirtschafteten Feldern oder in den benachbarten Teegärten zur Arbeit gingen. Als sie durch ein Dorf fuhren, stürmte ein Schwarm entzückender kleiner brauner Kinder heraus und warf frisch gepflückte Monatsrosen hinein Der Schoß der Damen, „so bezaubernd arkadisch und einfach", dachte Honor. Aber sie war desillusioniert, als dieselben kleinen braunen Elfen sie eine halbe Meile lang verfolgten und schrille Rufe nach „Buckschusch!" riefen. Bucksheesh!"

Während sie sich nach oben quälten, wurde der Tag merklich wärmer und der Aufstieg steiler. Um zwölf Uhr machten sie an einem Gebirgsbach unter einigen immergrünen Eichen halt, und dort erwartete sie eine ausgezeichnete Mahlzeit. Mrs. Brandes beleibter Koch hatte seine Lenden gegürtet und war über Abkürzungen und Nebenwege geeilt und lag nun mit dieser willkommenen Mahlzeit aus Geflügel, kaltem Kuchen, Brötchen und Kaffee im Hinterhalt; Rotwein und Haferflocken kühlten in einem benachbarten Bach ab.

Es bereitete mir *eine gewisse* Genugtuung, zu Frau Brande begleitet zu werden, die auf einer Kiste saß, über dem Tischtuch thronte und wie der Inbegriff befriedigter Gastfreundschaft aussah. Als das Essen zu Ende war und die Männer rauchten, sagte sie:

„Was soll das an Ihrem Dandy, Honor? Ich sehe, wie du dich so sorgfältig darum kümmerst, als wäre es ein großer Schatz. nicht deine neuen Hüte, *hoffe ich* ?" in einem Ton echter Besorgnis.

„Nein, Tante; es ist meine Geige – eine viel wichtigere Angelegenheit."

„Unsinn, Kind! Warum hast du es nicht beim schweren Gepäck gelassen?"

„Weil es möglicherweise zerschlagen wurde."

„Nun, wenn es so wäre, könnte es repariert werden. Wir haben einen sehr cleveren Maistry-Schreiner in Shirani. Ich gebe ihm oft kleine Aufträge. Mein Butler – ein Goanese – hat auch eine Geige, und eines Abends höre ich, wie er den anderen Dienern einen Vorteil gibt."

„Vielleicht spielen er und ich Duette", bemerkte Honor zurückhaltend.

„Mein liebes Kind!" mit einer zutiefst entsetzten Miene. „Wie kannst du so wild reden? Captain Waring ist schockiert – nicht wahr, Captain?"

„Fürchterlich skandalisiert; und ich werde die Empörung meiner Gefühle nur unter einer Bedingung dulden, dass Miss Gordon uns ein Solo spielt. Werden Sie es tun, Miss Gordon? Dies ist die Stunde und der Ort."

Mrs. Brande rechnete natürlich damit, dass ihre Nichte mindestens eine Viertelstunde lang ununterbrochen bedrängt werden müsste; Und tatsächlich war sich diese gequälte alte Person trotz allem, was die Hodsons ihr gesagt hatten, überhaupt nicht sicher, ob es für eine Frau richtig war, Geige zu spielen. „Würde Frau Langrishe ihrem Mädchen erlauben, das zu tun?" und

Visionen von ihrem eigenen dicken schwarzen Butler, der in der Kühle des Tages vor dem Haus hockte und vor einem Kreis entzückter Syces und Chuprassis Jigs und Reels spielte, stiegen vor ihrem geistigen Auge auf!

Diese Vision wurde schnell von einer anderen zerstreut. Honor sehnte sich nach dem Klang ihrer geliebten Geige, ihr gegenwärtiges Publikum war nicht beeindruckend und sie war nicht im Geringsten nervös. Das letzte Mal, als sie Geige und Bogen in der Hand gehalten hatte, war es ein trüber, nasser Nachmittag zu Hause gewesen – eine Art schlimmstes graues, düsteres englisches Wetter. Sie hatte ihnen im Salon Schuberts „Adieu" vorgespielt. Ja, und ihre Mutter hatte geweint. Was für eine andere Szene und andere Zuhörer! Zwei Männer, fast Fremde, lagen im Gras, träge erwartungsvoll und, soweit es Kapitän Waring betraf, herablassend bereit, bewirtet zu werden; eine beleibte Dame, die auf einem Weinkasten sitzt, die Serviette auf dem Knie und ihr Topee ganz hinten am Kopf; eine entfernte Gruppe scharlachrot und weiß gekleideter Diener; und rundherum eine Szene, die Orpheus selbst umgibt. Reihe um Reihe violettblauer Hügel, die sich aus Rhododendron- und Eichenwäldern erheben, ein Rivale auf der anderen Seite des Tals in Form eines Kuckucks, ansonsten eine wartende, mitfühlende Stille.

Als das Mädchen die Geige aus dem Koffer nahm, konnte Kapitän Waring sehen, dass sie sich in Händen befand, die sie liebten; und bemerkte außerdem, dass die besagten Hände wunderschön waren – die Handgelenke waren äußerst zierlich modelliert. Bald begann der Bogen himmlische Klänge hervorzurufen.

Honor stand auf, lehnte sich achtlos an einen Baumstamm und schien sich ihrer Zuhörerschaft überhaupt nicht bewusst zu sein; Ihr Gesicht, das den Hügeln zugewandt war, nahm nach und nach einen verzückten, erhabenen Ausdruck an, und ihr Spiel entsprach ihrer Haltung und ihren Augen. Die Aufführung war eine Offenbarung – eine Mischung aus großer Einfachheit, gepaart mit einer deutlichen Note menschlicher Leidenschaft. Sicherlich war die Musik die Stimme der süßen Seele dieses Mädchens!

Die Diener traten mutig näher, um diese neue „Miss Sahib" zu hören, die der „Sitar" so wunderbare Klänge entlockte. Selbst die Ponys spitzten die Ohren, eine wandernde Hügelkuh blieb stehen, um zuzuhören, der konkurrierende Kuckuck war stumm.

Die beiden jungen Männer ließen nach und nach ihre Zigaretten fallen. Mrs. Brande klappte die Kinnlade herunter. Ihre Nichte spielte auf einem Konzert genauso gut wie ein Mann! Ihrer Meinung nach sogar noch besser, denn es war eine Melodie, die sie berührte und die sie verstehen konnte; Diese süßen Klagetöne, die einer menschlichen Stimme ähnelten, durchdrangen ihr undurchsichtiges Empfinden und trugen sie bis zu den Toren des Paradieses.

Kapitän Waring musterte mit ungekünstelter Neugier diesen schönen jungen Musiker, der die Ellbogen im Gras vergraben hatte und das Kinn auf den Händen ruhte. Er wusste etwas über Musik; Das Mädchen spielte mit tadellosem Geschmack und absoluter Reinheit des Tons. Er lauschte „verbundener, langgezogener Süße", wiedergegeben mit wirklich ausdrucksstarkem Charme. Hier war nicht die übliche oder gewöhnliche indische Variante, sondern eine moderne Heilige Cäcilia! Er warf Mark einen Blick zu, um zu sehen, wie sich diese unerwartete Veränderung auf ihn ausgewirkt hatte. aber Marks Gesicht war abgewandt und er gab kein Zeichen, obwohl er in Wirklichkeit eine Ausschweifung exquisiter musikalischer Gedanken genoss.

Plötzlich verstummte der Zauber, der eine unheimliche russische Note hatte, in einem langen, schluchzenden Seufzer, und abgesehen von einem Murmeln unter den Dienern folgte eine ziemlich bemerkenswerte Pause, die schließlich von Frau Brande unterbrochen wurde, die ausrief, als wäre sie plötzlich aufgewacht —

„ In der Tat *sehr* hübsch! Und wie hat es Ihnen gefallen, Captain Waring?"

"Mag ich!" wiederholte er empört. „Meine liebe Frau, was für ein schwacher und unangemessener Ausdruck! Miss Gordon spielt großartig."

„Oh, tatsächlich, nein", protestierte sie. „Ich kann Musik spielen, die ich fühlen kann – und das ist einfach, und ich habe mit vier Jahren angefangen, Geige zu lernen, sodass meine Finger ziemlich geschmeidig sind; Aber wenn ich an das Spiel anderer Leute wie Sarasate denke, wird mir klar, dass ich nichts weiter als ein wohlmeinender Amateur bin und nie anders sein werde. Ich kann keine übermäßigen technischen Schwierigkeiten bewältigen. Ich habe keine Brillanz – trotzdem", mit einem glücklichen kleinen Seufzer, „bin ich froh, dass es dir gefallen hat."

„Ja, meine Liebe", sagte ihre Tante und nickte anerkennend. „Und jetzt lasst uns etwas Lebendiges haben. Angenommen, Sie spielen eine Polka?"

Aber die Geige war bereits in ihrem Koffer. Honour hatte es mit der Miene einer Mutter hingelegt, die ihr Kind zur Ruhe bringt.

„Oh, Miss Gordon, was für eine Schande!" entgegnete Mark Jervis. „Ich könnte an diesem sonnigen Hang unter den Rhododendren liegen und dir tagelang zuhören . "

„Sie würden es bei *Regen nicht sehr angenehm finden* ", bemerkte Frau Brande etwas rau. Sie war mit mittellosen jungen Männern nicht einverstanden und machte ihrer gebildeten Nichte deshalb Komplimente. „Und jetzt sollten wir besser weitermachen, wenn wir Binsa vor Einbruch der Dunkelheit erreichen wollen.“

Am nächsten und letzten Tag ihres Marsches marschierte die Gruppe wie üblich zu zweit weiter; Honor und Captain Waring führten den Transporter an, während Jervis und Mrs. Brande, die eine schwere Ladung waren, zurückblieben. Je weiter sie reisten, desto steiler wurden die Abgründe, desto wilder die Landschaft, desto schmaler die Wege. An einer Stelle im Wald, hoch über ihnen, weidete eine Herde sogenannter zahmer Büffel – zahm bei Einheimischen, wild bei Europäern. Der riesige Stier mit seinem haarigen Kopf und den riesigen Hörnern war – obwohl er eine Glocke trug – niemandem gegenüber zahm! Als er unten seltsame Stimmen hörte, hob er seine abscheulichen porzellanblauen Augen, starrte wild um sich und stürzte dann einige Dutzend Meter bergab, aber seine Beute – Honor und ihre Eskorte – waren bereits vorbeigekommen und außer Reichweite. Er blieb in meditativer Haltung stehen und stieß einen wütenden und enttäuschten Schrei aus.

Nach einer beträchtlichen Pause kam eine andere Gruppe in Sicht. Mrs. Brandes fröhliche Jampannis und der scharlachrote Dandy-Teppich haben die Frage geklärt. Im Handumdrehen war er durch das Unterholz gestolpert und hatte sich in kriegerischer Haltung auf den Weg gestellt – genau sechs Meter vor der Gruppe. Die Einstimmigkeit, mit der Mrs. Brandes Träger sie fallen ließen und auf Bäume flohen, wurde nur durch die Beweglichkeit übertroffen, die die Dame selbst an den Tag legte, als sie aus dem Dandy sprang und den Khud hinunterkletterte! Auf der Strecke blieb nichts außer dem leeren Fahrzeug, dem Büffel und Jervis.

Er sprang sofort von seinem Pony, schnappte sich eine Jampanni-Stange, an deren Ende er den roten Teppich hochhielt, und marschierte mutig wie ein Matador durch die Arena. Als der Stier seinen schweren Kopf senkte, um anzugreifen, warf er die Decke mit so viel Kühle und Geschicklichkeit über seine Hörner, als hätte er es lediglich mit einem Stofftier zu tun! Aber dieses Tier war gefährlich lebhaft. Er stürmte wütend vorwärts, stürzte blindlings über den Dandy und rollte mit lautem Krachen den Khud hinunter, der zu seinem Glück (und für Mrs. Brande) nicht reiner Abstammung war. Die durchdringenden Schreie der Dame erregten die Aufmerksamkeit ihrer Nichte und – was weitaus sinnvoller war – des Jungen, der für die Herde verantwortlich war. Vermutlich hatte er tief und fest geschlafen, doch nun raste er durch das Unterholz, trieb den Büffel hoch, dessen Sturz zweifellos seinen Mut ausgelöscht hatte, und vertrieb ihn, beladen mit den heftigen Flüchen der Jampannis. Diese tapferen Herren waren nun mutig wie Löwen zur Mutter Erde herabgestiegen. Der Teppich war mit Bändern bedeckt, der Dandy aus Streichholz, aber niemand wurde verletzt. „Was war zu tun?“ fragte Kapitän Waring, der sich vergeblich darum bemühte, ein ernstes

Gesicht zu bewahren, als er Mrs. Brande, die einen wirklich erschütternden Anblick bot, auf Händen und Knien aus dem Gebüsch auftauchen sah. Die Rückseite ihres Kleides war bis über die Schultern geschlitzt, ihr Schleier hing um ihren Hals und sie war mit Sand und Zweigstücken bedeckt.

Mark war ihr zu Hilfe geeilt, und als ihre Nichte ihr Topee und ihren Regenschirm aufhob, fragte sie besorgt: „Ob sie verletzt war?"

„Nein", keuchte sie, setzte sich und wischte sich den Staub mit ihrem Taschentuch ab, „mir geht es kein bisschen schlechter."

„Aber dein Dandy liegt in Scherben!" sagte Kapitän Waring. "Was ist zu tun?"

„Ich weiß, was getan *wurde* . Junger Mann", sie wandte sich feierlich an Jervis, „du hast mir das Leben gerettet, so sicher ich hier sitze und du da stehst. Wenn du nicht den Mut gehabt hättest, ihm den Teppich über den Kopf zu werfen, wäre er den Khud heruntergekommen und hätte mich zu Tode gespießt – ich bin keine Frau, die viele Worte sagt" (liebe Täuschung) „aber ich werde es nicht vergessen es – und P wird es auch nicht." In Momenten ungewöhnlicher Aufregung oder wenn sie mit ihren Vertrauten zusammen war, sprach sie ausnahmslos von ihrem Mann als „P."

„Oh, Frau Brande", antwortete er, „Sie halten viel zu viel davon – es war nur ein Büffel."

„Nur ein Büffel!" sie wiederholte. „Ihr kennt sie kaum; In einer Minute wäre ich nur noch eine Leiche gewesen. Sie sind die gefährlichsten Bestien, denen man begegnen kann, und so gerissen. Ha", wechselte ihre Stimme zu einer anderen und schärferen Tonart, „Jait Sing, du niederträchtiger Feigling! Ich werde jedem seinen Lohn um zwei Rupien kürzen. Ich habe vor, Ihre Holztickets zu stoppen. Was für ein Kontrast zu *dir* ", sie zeigte mit ihrem dicken Finger direkt auf Jervis. „Löwen, in der Tat, wie sich alle diese Sings nennen – hübsche Löwen – du bist der mutigste junge Mann, den ich je gesehen habe!"

„Ach komm, sage ich, Mrs. Brande", entgegnete Waring spielerisch. „Sie wissen nicht, was *ich* tun könnte, wenn ich es versuchen würde."

„Nun, da du es *nicht* versucht hast, kann ich nicht sagen", antwortete sie trocken.

„Es ist keine so große Leistung, einen alten Büffel zu vertreiben –"

„Hängt vom Humor des Büffels ab; und ich wundere mich darüber, dass Sie Ihren eigenen Cousin herabwürdigen, anstatt stolz auf ihn zu sein", fuhr die Dame mit beträchtlicher Hitze fort und vergaß völlig ihre beabsichtigte *Rolle* gegenüber diesem Millionär.

„Wie geht es dir, Tante?" fragte Honor; „Aber natürlich musst du in meinem Dandy gehen und ich kann laufen."

„Auf keinen Fall, Miss Gordon; „Du sollst mein Pony reiten", sagte Kapitän Waring. „Er hat einen großen, geräumigen alten Sattel und einen schönen breiten Rücken, und ich werde verhindern, dass du abrutschst."

Gegen diese Vereinbarung hatte Frau Brande (die inzwischen ihre Fassung und ihren Verstand wiedererlangt hatte) keine Einwände. Ganz im Gegenteil, es war eine großartige Idee. Sie selbst fühlte sich so erschüttert und so nervös, dass sie Mr. Jervis nicht aus den Augen lassen konnte.

Sie waren jetzt nur noch sieben Meilen von Shirani entfernt, und oh! Was für endlose Meilen – es schienen Meilen – Meilen trostloser, eintöniger Straßen, die sich um karge rehbraune Hügel winden und winden und scheinbar direkt ins Herz Asiens führen. Sie schlängelten sich durch Täler auf und ab bis zum Kamm einer Bergkette, die, wie sie so sehr hofften, die lang gesuchte Shirani verbarg. Ach! es gab ihnen nur einen Blick auf ein weiteres Tal – einen weiteren abgerundeten Hügelhang. Honor war nicht überrascht, als sie erfuhr, dass eine Dame aus dem Bekanntenkreis ihrer Tante bei ihrem ersten Besuch nach einer Reihe dieser unerträglichen Enttäuschungen auf der Reise zusammengebrochen war und einen Sturm hysterischer Tränen auslöste. Manchmal ging Honor zu Fuß – sie ging nach Belieben, aber manchmal bestieg sie das Pony, um den Wünschen ihrer Begleitperson Rechnung zu tragen. Die Fahrt machte ihr keinen Spaß, sie bestand aus einem allmählichen Rutschen, Rutschen, Rutschen, einem Erholungsschritt, dann rutschen, rutschen, noch einmal. Sie lehnte Captain Warings eifrig gespendeten Arm ab – das Stützen war doppelt so mühsam wie das Gehen. Würde dieser abscheuliche Weg niemals, niemals, enden?

Ah, da waren endlich die Kiefern von Shirani! Nach weiteren zwanzig Minuten waren sie unter ihnen. Als die kleine Gruppe das Einkaufszentrum betrat, wobei Mrs. Brande die Prozession anführte, Honor die Nachhut bildete und Captain Waring ihr Pony anführte, standen sie Mrs. Langrishe gegenüber, die mit ihrer würdevollsten Miene zwischen einem soldatenaussehenden Mann herging Mann und ein kleines, schön gekleidetes, blondes Mädchen.

Ja, es konnte ihr nicht entgangen sein, die ganze Bedeutung von Mrs. Brandes *Rentrée zu bemerken und zu erfassen* (tatsächlich hatten sie und ihre Rivalin sich verbeugt), und so staubig, heiß und durstig diese Dame auch war, war dies eine der glücklichsten und die stolzesten Momente ihres Lebens!

Kapitel XVI.
Eine Nachricht von Miss Paske.

Obwohl sie Mrs. Brandes Nichte nur flüchtig gesehen hatte, hatte Mrs. Langrishe scharfe Augen, und ein Blick genügte, um ihr zu versichern, dass das Mädchen nicht im Geringsten dem entsprach, was sie erwartet hatte. Sie war schlank und dunkelhäutig, und obwohl sie mit Staub bedeckt war und einen schrecklichen Ein-Rupien-Tope trug, war sie unbestreitbar eine Dame und ganz und gar nicht der Typ einer Sennerin.

Und wie jubelnd hatte die alte Frau ausgesehen! Im wahrsten Sinne des Wortes aufgeblasen vor Stolz, als sie im Beisein des Millionärs vorbeigetragen wurde. *Dieses* Detail hatte nicht die geringste Bedeutung. Lalla kannte ihn sehr gut und ließ sich von ihr eine nette, freundliche kleine Nachricht schreiben und ihn bitten, zum Tee vorbeizukommen.

In der Zwischenzeit war Honor ihrem Onkel vorgestellt worden, der keineswegs enttäuscht war, sondern angenehm überrascht feststellte, dass sie das Ebenbild seiner Lieblingsschwester Hester war, die gestorben war, als sie achtzehn Jahre alt war. Diese Ähnlichkeit (die er für sich behielt) sicherte der Neuankömmling sofortigen Zutritt *zu* den Gunsten ihres Onkels. Und Mrs. Brande, die an seine kühle und eher zynische Art gewöhnt war, war erstaunt über die Herzlichkeit, mit der er seiner bis dahin unbekannten Nichte entgegenkam.

Mehrere Tage lang wurde die junge Dame zu Hause in strenger Abgeschiedenheit gehalten, bis sich ihr Teint von der Reise erholt hatte und ihre Kisten von der Eisenbahn eintrafen. Ihre Tante war entschlossen, ihren Schatz nicht dem grimmigen Blick auszusetzen, der auf ein neu angekommenes Mädchen fällt, bis sie ganz in Bestform war. Sie konnte jedoch ihre Türen nicht vor zahlreichen Damen verschließen, die Miss Gordon aufsuchten und sich so einen frühen und privaten Blick sicherten. Honor war gezwungen, feierlich in einem abscheulichen Salon zu sitzen, in dem jede Farbe die andere anbrüllte, und ihrer Tante zuzuhören, die den Besuchern erzählte, wie schön sie Geige spielte, wie lange Haare sie hatte und wie sie Dreier in Schuhen trug , und wie nützlich sie bereits im Haus war. Sie verschonte sie auch nicht mit ausführlichen Einzelheiten des Büffelabenteuers, versäumte es auch nicht, Mr. Jervis laut zu loben oder auf die angenehme Begleitung seines Cousins und die besonderen Aufmerksamkeiten *auf dem Weg hinzuweisen* . Dann besprach Frau Brande ihre Diener und den unverschämten Preis für Ghee und Holzkohle.

„Komm, lass uns auf der Veranda sitzen", flüsterte Frau Sladen, die das ausdrucksstarke Gesicht des Mädchens gelesen hatte. „Du wirst dich daran gewöhnen", fuhr sie fort, als sie draußen waren; „Du wirst es eines Tages selbst tun. Das machen wir alle; Aber trotz des Kartoffelpreises werden Sie hier ein sehr glückliches Zuhause haben! Wie Sie sehen, freut sich Ihre Tante über Sie und Sie werden bald jede Menge Gesprächsstoff haben. Sie war bisher einsam genug. Sie und Mr. Brande haben, obwohl sie einander sehr verbunden sind, kaum einen gemeinsamen Geschmack. Er liebt Literatur und widmet sich Tennis und Schlägern. und obwohl er älter ist, ist er so aktiv, dass er um Jahre jünger zu sein scheint als sie. Ihr Kommen hat ihr einen Neuanfang und neue Freuden beschert. Sie ist eine liebe, gute Frau und so zielstrebig wie ein kleines Kind."

Mrs. Sladen und Honor hatten sich sofort sympathisch gefunden. Honor war (nach Einbruch der Dunkelheit) bei Frau Sladen gewesen, wurde Oberst Sladen vorgestellt und hatte die Fotos von Frau Sladens kleinen Mädchen – Charlotte und Mabel – gezeigt und ihre letzten Briefe gehört – ein Beweis dafür, dass sie in großer Gunst stand mit ihrer Mutter. Honor war es nicht gewohnt, mit vorgestreckten Händen zu sitzen, und fand sofort Beschäftigung auf verschiedene Weise – sie übermittelte Nachrichten, schrieb Notizen und Bestellungen, arrangierte Blumen und machte respektvolle Vorschläge in Bezug auf das Wohnzimmer, eine schöne, teure Wohnung eingerichtet mit dem schlechtesten Geschmack, den man sich vorstellen kann – ein absoluter Kontrast zu Mrs. Langrishes Zimmer, das das schönste in Shirani war. Die Leute ahnten kaum, wie diese gemächliche Dame den Staub vollständig selbst abstaubte, Vorhänge ausschüttelte, Blumen arrangierte und die Porzellanornamente mit ihren eigenen zarten Händen wusch. Ihr Zimmer, wie sie es verstand, bildete einen wirksamen Hintergrund für sich selbst – und sie scheute keine Mühe, Ida Langrishe auf die angemessenste Art und Weise darzustellen. Der Boden war mit schönen alten Gebetsteppichen bedeckt, die Tische waren mit Kuriositäten übersät, die Wände waren mit wertvollen Aquarellfarben behängt und in geeigneten Abständen standen einladende Sessel.

Böswillige Menschen versicherten einander, dass die persischen Teppiche, Schnitzereien und Silberschalen allesamt Opfergaben von „Männern" seien. Trotzdem wäre Mrs. Langrishe die Erste gewesen, die zugegeben hätte: „Geschenke für Granby und mich." Colonel Greene, ein liebes altes Ding, brachte uns den Teppich aus Peshawar; und Herr Goldhoofe schickte diese silbernen Dinger aus Delhi. Ich muss sagen, dass unsere Freunde uns nie vergessen."

Wie wir wissen, war Frau Langrishe fest entschlossen, das Wohnzimmer ihrer Nichte zu überlassen, das wäre eine gute Übung für das Kind, und tatsächlich nahm die Blumenpflege jeden Morgen eine Stunde in Anspruch. Sie würde viele Möglichkeiten finden, Lalla nützlich zu machen. Doch als die junge Dame diesen Plänen immer wieder widersprach, machte sie ihrer Tante sofort klar, dass sie sich nur als Zierde betrachtete. „Oh je, nein! Sie arrangierte nie Blumen, sie hatte keinen Geschmack in dieser Art und außerdem würde es ihre Hände verderben. *Staubt* den Salon ab! die liebe Tante Ida macht wohl Witze; Na ja, das war Sache des Überbringers. Holt den Nachtisch raus! Oh!" mit schallendem Gelächter: „Man konnte ihr nicht trauen. Sie würde jede Schokolade und die besten französischen Süßigkeiten essen!"

Während also Mrs. Langrishe sich wie üblich mit ihren Hausarbeiten beschäftigte, lag ihre schöne Nichte mit verschlossener Tür auf ihrem Bett, las einen Roman, probierte neue Experimente im Friseursalon aus oder schrieb Notizen. Nein, nein; Sie war nicht nach Shirani gekommen, um als Hilfsdame zu arbeiten. Sie hatte immer gehört, dass ihre Tante Ida sehr *klug sei* ; aber zum Glück hatte sie auch ihren Verstand!

Während Honor Gordons Zwangspensionierung unternahm sie jeden Morgen früh einen einsamen Spaziergang entlang einer hübschen Sandstraße, die sich durch dunkle, duftende Kiefernwälder schlängelte – eine Straße mit scharfen Ecken und tiefgrünen Schluchten, grün von Farnen und Efeu. Es war Anfang Mai und der Boden war mit Tannennadeln übersät, die den Schritt dämpften; Die Tannen waren dünn und kahl, und durch ihre dunklen Zweige erhaschte sie einen Blick auf den Schnee, der wie ein großer weißer Wall in der Luft hing, zwischen einem strahlend blauen Himmel und einem opalfarbenen Nebel. Honor genoss diese Streifzüge ungemein, obwohl sie selten einer Menschenseele begegnete, außer einem Syce, der ein Pferd trainierte, oder einer Ayah, die einen Kinderwagen rollte. Ihr einziger Begleiter war „Ben", der sie glücklicherweise „angenommen" hatte und mit dem sie so freundschaftliche Beziehungen aufgebaut hatte, dass sie tatsächlich in die unerwartete Position seiner „Tante" eingesetzt worden war.

Gelegentlich unternahmen sie gemeinsame Ausflüge den Khud hinunter, er auf der Suche nach den privaten Speisekammern anderer Hunde, sie auf der Suche nach Farnen und Moos für die Tischdekoration. Ben war in Rookwood eine so wichtige Persönlichkeit, dass er ein halbes Kapitel für sich beansprucht. Er war ein Hund mit festen Ansichten und hasste Mrs. Langrishe – und ein oder zwei andere Menschen – im gleichen Maße, wie er kaltes, gekochtes Fleisch hasste. Sport war seine Leidenschaft, das Zerkauen von Wildlederhandschuhen seine Schwäche. Er war ein Foxterrier mit einer Geschichte. Als Welpe war er von einem Mann einem Mädchen vorgestellt worden, nach dem Prinzip „Liebe mich, liebe meinen Hund", aber leider hatte das falsche Mädchen weder das eine noch das andere geliebt; Sie ließ den Mann herzlos im Stich und überließ den Hund seinem Schicksal. Doch bevor sie den Hügel hinunterging, verkaufte ihre Ayah (umsichtige Seele) den Welpen für die Summe von zwei Annas (eine alte Schuld) an einen Bheestie. Er war zufällig Mrs. Brandes Diener und war bei seinem Kauf übermäßig eitel. aber sie ließ ihn den größten Teil des Tages mit einem Streifen rosa

Kattun an einen auffälligen Baum in ihrem Anwesen gefesselt, wo er ihm erlaubte, „die Luft zu fressen", und sonst kaum etwas. *Als* Mrs. Brande unterwegs war, um ihre wohlhabenden Hühner zu füttern, bemerkte sie das ausgehungerte Tier; und da sie ihm oft eine Kruste zuwarf, begrüßte er ihre Ankunft natürlich mit übertriebenen Freudenbekundungen und schwachen Freudenschreien. Ihr leicht erweichtes Herz war berührt von der Verzückung des hungernden Welpen, und nach einigem Verhandeln kaufte sie ihn vom Bheestie für die Summe, die er geschworen hatte, nämlich zehn Rupien, gezahlt zu haben, um ihn zu füttern und ihm etwas Gutes zu verschaffen Meister. Aber Ben war mit seinem jetzigen Quartier rundum zufrieden und fühlte sich bald ganz heimisch. Er zeigte eine lockere Vertrautheit mit Sesseln und Kissen, er war zweifellos an süße Kekse und gute Gesellschaft gewöhnt, und seine Geliebte wies mit gerechtem Stolz darauf hin, dass er perfekt Englisch verstand! Natürlich adoptierte sie schließlich „Ben", er machte sich unentbehrlich, er weigerte sich, von seiner Gönnerin getrennt zu werden, wurde zu ihrem Schatten und hörte bald selbst auf, ein Schatten zu sein. Er wuchs von einem schmutzigen, hungernden, zitternden Welpen zu einem äußerst hübschen Hund mit einem feinen Glanz auf seinem Fell heran. Erinnerte er sich jemals an seine eigenen schlimmen Tage, als er einen Nachmittag lang am Tor von Rookwood herumlungerte, sich sonnte und mit verächtlichem Blick vorbeiging, weniger glücklich und von niedrigem Stand? Sind Hunde Snobs?

Ob Snob oder nicht, Ben war mutig, er senkte seinen Schwanz bis zum Anschlag, und als die große Wildkatze, die so viel Chaos unter dem Geflügel anrichtete, unter der Messe unterging, war „Ben Brande", wie er genannt wurde, der einzige einer aus der versammelten Menge Terrier, der, wie ein Zuschauer es ausdrückte, „Mann genug war, ihm zu folgen, ihn zu töten und herauszuziehen." Ben Brande verlor dadurch ein Auge, erlangte aber einen hervorragenden Ruf.

Natürlich war Ben verwöhnt. Seine Geliebte redete ununterbrochen mit ihm; Er hatte seinen eigenen kleinen Charpoy in ihrem Zimmer, seinen Morgentee in ihrer Gesellschaft und ab und zu durfte er seinen Kumpel „Jacko", einen roten Terrier, zum Essen und Verbringen des Tages einladen! (Einmal hatten sie beschlossen, es ruhig in Mr. Brandes Umkleidekabine zu verbringen, wo sie mehrere Paar Stiefel, einen Schwammbeutel und den Rücken von „Nancy" verschlangen.) Ben begleitete seine Herrin auf ihren Spaziergängen und Autofahrten. Oftmals ging sie allein wegen ihm aus, und es war eine unbestreitbare Tatsache, dass er Lieblingsstraßen hatte, und seine „Großmama" – wie sich die verliebte Dame selbst nannte – berücksichtigte stets seine Wünsche. Wenn „sein Großvater und seine *Großmutter*" im Ausland aßen, ging er nie zu Bett, sondern blieb bis zu ihrer Rückkehr (wie spät auch immer) am Eingang stehen, und Passanten konnten immer erkennen, dass die Brandes in einer „Burra Khana" waren ", als sie eine aufrechte kleine weiße Gestalt am Torpfosten sitzen sahen. Tatsächlich wurde geflüstert, dass der Grund, warum Mrs. Brande immer so früh ging, einfach darin lag, dass sie Ben nicht warten lassen wollte! Sie sagte es nie, aber jeder wusste, dass Ben das wahre Motiv für ihren vorzeitigen Weggang war. Und dies war das Tier, das Honor nun begleitete und ihr seine Schirmherrschaft und Freundschaft geschenkt hatte. Eines Morgens, als sie nach Hause gingen, er mit einem großen Stein im Mund und sie mit einem Arm voll Farnen, stießen sie beinahe mit einem anderen Paar zusammen – die Winkel waren abrupt –, das lautlos auf Kiefernnadeln ging. Es stellte sich heraus, dass es sich um Toby Joy handelte, der ebenfalls von einem Hund begleitet wurde und Hand in Hand mit einer jungen Dame, einer zierlichen, weißhäutigen kleinen Person mit flauschigem hellem Haar, kleinen, scharfen Augen und bewundernswert geschwungenen Brauen usw. entlangschlenderte eine zur Spitze geneigte Nase.

Honor war bei weitem die Verlegenste des Trios und errötete kräftig, wofür sie sich zutiefst schämte. Warum sollten nicht andere Menschen die köstliche Morgenluft genießen? Was das Hand-in-Hand-Gehen betrifft, sollte *sie* die letzte sein, die Einwände erhebt; War sie nicht Hand in Hand mit einem völlig Fremden gegangen?

„Guten Morgen, Miss Gordon", sagte Toby, ließ Miss Paskes Finger langsam los und nahm seine Mütze ab. „Du bist also trotz des Büffels gut hierher gekommen! Lassen Sie mich Ihnen Miss Paske vorstellen."

Die Mädchen verneigten sich und sahen einander ernst an.

„Wir beginnen mit der Burleske, von der ich dir erzählt habe, und sind früh rausgekommen, um gemeinsam unsere Rolle einzustudieren."

„Wie lobenswert von Ihnen", sagte Honor in einfachem guten Glauben. „Und was soll das Stück sein?"

„ *Die Babes im Wald* ", antwortete Miss Paske mit einem seltsamen Lächeln und musterte Honor mit ihren leuchtenden kleinen Augen. „Glauben Sie nicht, dass es für die lieben einfachen Leute in Shirani geeignet sein wird?"

„Ich weiß es wirklich nicht", antwortete der andere mit verwirrtem Gesicht.

„Nun, ich hoffe, Sie kommen, um es sich anzusehen", und mit einem gönnerhaften Nicken ging sie weiter. Aber Ben und Jumbo (Mrs. Langrishes Hund) waren nicht bereit, sich so zu trennen! Der Familienstreit hatte sich offenbar auch auf sie ausgeweitet. Sie schlichen schon seit einiger Zeit mit ziemlich steifem Gang umeinander herum und stießen ein leises und beleidigendes Knurren aus, das nun in einer Art gurgelndem Knurren gipfelte, während sie einander an die Kehlen flogen. Miss Paske stieß einen kleinen, unterdrückten Schrei aus und kletterte hastig das Ufer hinauf, während Honor und Toby verzweifelte Versuche unternahmen, die Kämpfer zu trennen. Jeder von ihnen packte einen Hund an dem, was zuerst kam, am Bein oder am Schwanz; aber die Hunde weigerten sich, sich zu trennen, und hin und her, auf und ab, sie kämpften und liefen in gegenseitiger Raserei. Währenddessen schien Lalla, die sich nun in sicherer Höhe befand, tatsächlich von der Aufführung begeistert zu sein, lachte und klatschte begeistert in die Hände. Schließlich wurden die Hunde erstickt, indem man Sand auf ihre Köpfe schüttete, und jede Seite war ein Flaschenhalter für ein wütendes, keuchendes und kämpfendes Tier.

„Ich denke, wir sollten uns besser sofort trennen", keuchte Honor, der Ben nur mit größter Mühe zurückhalten konnte.

„Ja, je früher, desto besser", stimmte Toby zu, der ebenfalls mit einem eifrigen Arm rang.

Als sich Honor mit Ben sehnsüchtig über ihrer Schulter nach Hause wandte, rief Miss Paske, die von ihrem Aussichtspunkt heruntergestolpert war, ihr in ihren süßesten, klarsten Tönen nach:

„Sagen Sie Frau Brande unbedingt, dass *ihr* Hund das Schlimmste davongetragen hat."

ENDE VON BAND. ICH.